タクシードライバー「ひみつのポケット」

廣川 和夫

文芸社

●もくじ

PART 1

タクシードライバー

“ほろにが日記”

私の生い立ち

私が廣川家の四男としてこの世に「オギャー」と生まれ、物心ついた時には、父は「昆布」を作っていた。今はポピュラーになっている「汐吹き昆布」であるが、それを発明したのはどうやらその父らしい。昭和二十年頃のことである。

母親は大地主の娘で、小さい頃から学校に行くのに自分の土地以外の土地を踏まずに通ったらしい。その母が丁稚から働いていた父と結婚したのは、母の兄の〝あいつは見どころがあるから結婚しなさい〟という強い意見があったからである。

母は若い頃から、華やかな事が好きで、宝塚に入団するのが夢だったという。その当時は住込みで働く人も多かったのだと思うが、我家にも十数名のスタッフと、賄いのお手伝いさんが二人居た。そんな環境であるから、多分甘やかされて育ったのだろう。学校に遅れそうになると、単車や車で送ってくれるというめぐまれた幼少期であった。

ほんの小さい時から兄と比べられた。彼は学業もトップクラス。自分はというと、クラスで下から数えた方が早いというありさまであった。父親は幼少の頃から働いて、大変な苦労の末、一代で昆布屋を築き上げた。そんな人だから頭の良い子をとても可愛がった。兄弟喧嘩をしても怒られるのは必ず私の方であったし、肩をもってくれたという記憶が無い。それでも大過なく、すこやかに、人を疑うことも知らずに育ってきたのではあるが…。

大学は「すべり止め」の一番行きたくない学校であった。それもあってほとんど勉強したという思い出がない。一番人気のゼミに入ったが、教授の「かなり成績が良いので取った」という言葉にかまけて、学業はおろそかにしていたので、三年生の時必ず受けなければならない試験の日にちを間違えて受けられなかった。当然、単位を落とし、次の一年間は四年生と三年生を一度にこなさなくてはならなくなった。こんなことを経験した人は少ないと思う。

卒業時に、私と一緒に一年留年すると思っていたある友人は、「オマエが卒業できてオレができないというのは納得いかん。文句を言ってくる」と本当に怒り出したものである。

涙と努力のサラリーマン時代

そして何んとか卒業し、ある事務器メーカーに就職した。この会社でのサラリーマン時代はかなり充実した時期であった。営業マンとしてある新規の会社を担当した。皆が難しいと言っていたが、足かけ三年、三百回以上訪問して、ついに他メーカーを逆転、一括注文の勝利を得たのである。これだけ通っていると、私の顔を見ないと寂しく感じるようになったと言われた。ある時など、今日も来るだろうと弁当まで用意してくれていた。

そして、いよいよ注文をくれるという日が来た。その会社に胸踊らせて行くと、「今日はオマエの試金石だ」と言うので、どんな厳しい注文をされるのかと緊張の面持ちでいると、両手でバーベルを水平に持って五分間耐えたら注文してやろうと言う。馬鹿らしいと思った。しかしここでやらなければ、これまでの三年間が無駄になる。「よーし、やったるか」と決意し実行した。

二〜三分はもった。しかしそこまでである。手はブルブル震え、冷汗が出る。私のようなヤワな人間にはたまったものではない。私も堪忍袋の緒が切れ「もうやめや。こんなとで注文くれへんのであればいらんわ」と言って投げ出してしまった。

いつの間にか総務関係の人間が集って、皆で笑っていた。すると担当者は、「冗談や。最初から注文するつもりだったよ。この商談は専務のお声がかりだし、他に決まっていたけれどお前があまりにも来るからな。自分も定年退職だし、君に置き土産だ。でも上司の手前全部やる訳にはいかん。一割は他メーカーに渡すよ。」と言ってくれたのである。その時の感動は今も鮮明に憶えている。

会社に戻って報告すると、この話がトップにまで行ってしまった。このことが認められたのか、その後、全国の支店から課長以下を集めての営業についての講義を求められて、社内報記事を書く様に指令を受けた。

その半年後、部の全体会議があった。その時、私には十数回訪問していた得意先があったが、部次長に会議の席上、「こんな取れる見込みのない仕事はやめろ。担当者に一度も会ってないのだろう。他の得意先に行け」と罵倒された。若さからかこれにはカチンと来て、「取れば良いんでしょ、取れば」とタンカを切ってしまったのである。

タンカを切ったは良いが全く自信がなかった。それも当然である。十数回訪問してまだ、担当者の顔も見たことがなかったのである。これは退社も考えなければと覚悟した。「今日は必ず担当者に会う」と決意し朝飛び出したが、担当者はいくら待っても会ってくれない。車の中で眠たくなって寝てしまった。目覚めると、とっぷり日が暮れていた。

すると担当者が「まだ居たのか」と非常に驚いて出て来た。こちらはただ寝ていただけなのだが、「今日は上司に会ってくるまで帰って来ないと言って出て来てますので……」と言うと、申し訳なさそうに事務所から事務器機の一覧表を持って来た。そして、これで見積りをするように依頼されたのである。

何はともあれ喜び勇んで事務器機の一覧表を社に持ち帰り、数日徹夜を繰り返し見積りを仕上げた。見積りを持って行くと、「お、早かったな」と言ってすぐに別の事務器機の一覧表を持って来た。「はい、次これ」とまた、別の事務器機の一覧表を手渡すのである。

この時点でからかわれていると思ったが、またそれを社に持ち帰って見積りを持っていく。こんなことが四回繰り返されたのである。

最終見積りを持って行くと、担当者は「これで初めて君は他メーカーと同じ土俵に乗ったよ。よくここまでやってきたな。自分なら、これだけバカにされたら、いやになってしまうな」と感慨深げに言ってくれたものである。

それから一カ月近くの間があり、その期間の私は会社に居ても針のムシロである。居ても立ってもいられず、たまたま同行してくれたデザイン部の後輩と一緒に訪問すると、担当者が席を変えようと喫茶店に誘ってきた。そして「君には負けた。他メーカーが常務の知り合いなので、半年も前から変更変更で先行していた。君からは絶対に買わないつもりだったので会わなかったんだが、君の粘りには本当に驚いた。注文を出すから早いうちに契約に来い。ただし全部とはいかない。君より半年も前から、しかも、これを取られたら立場がないと必死になって来ているからな。ある一部分だけはそっちに注文する」と言うのである。その言葉を聞いた時には、不覚にもドッとこみ上げてきて、ボロボロと自然に涙が出てきた。隣で聞いていた後輩も一緒に泣いている。「ありがとうございます。これが取れなければ辞表を出すつもりでした。本当にありがとうございます」と言って顔を上げられなかった。

帰る途中、後輩は「ありがとうございます。こんな仕事に関わってこれたことに感謝します。これは私の思い出となります」と言ってくれた。また涙が出た。

会社に戻りこのことを報告すると支店長も次長も出て来て、課内は、大騒ぎになった。さすがに、常務は出て来なかったがこの話は届いた。皆は私が退社覚悟でこの仕事にかけていたのが分かっていたのである。

このように努力と根性で一生懸命勤めてきた会社であったが、私は何か商売をしてみたいという希望があったので、五年で退社し、一獲千金を夢みて、宝石学校に入って学び、ダイヤモンドの輸入をするつもりで準備を進めていたが、入院中の父親に大反対をされ、情けないことに断念してしまったのである。

このことが原因で私の内にポッカリ空洞が出来たように、何もする気力が失くなってしまった。それからの半年間徒手空拳の状態で、自分というものが、何とだめな人間かと本当に思い知った時期であった。

とにかく立ち上がらなければと、内装業者に職人として勤めだした。しかし、二十九の手習いである。右も左も分からない。

二十歳の子にバカにされ、ホウキの持ち方から教わるという有様であったが、当時の社長から営業にまわるように言われ、無難にこなしていた。ところがその社長が仕事に疲れ、ノイローゼになり失踪してしまったのである。職人も合わせて十人足らずの会社では、責任者が居ないことにはどうしようもない。仕方なしに私が整理を始めたが、それが終わる頃に、その社長は帰って来た。そして、もう一度やり直したいので会社に残ってくれと頼まれたが、もともと独立するつもりであったので断った。女房が建築士であったこともあり、私は独立した。

独立はしたけれど……

独立したはいいが、客も持たず、何もない状態からのスタートは大変だった。とにかく大学の先輩のところへ名簿をたよりに回ることから始めた。今になって振り返ると実に無謀なことをしたものだと思うが、日本を代表する製薬会社や広告代理店等を、かたっぱしから訪問して回ったのである。勿論まともに会ってはくれない。そこで本当に意を決して家にまで押しかけた。門前払いは覚悟の上であったが、会ってくれた社長さんも何人かはいた。会ってくれた社長さんたちは「よくも、まあこんな所まで来ましたね」と異口同音に言った。

そのうち何とか軌道に乗り、仕事も徐々に増えてきたので、事務所を移転し、会社も少しずつ大きくなっていった。その頃は建築士であった女房に、経理やその他の事務全てを任せ、自分は外回りをして現場の管理と営業をしていた。しかし、この頃から私の人生がグルグルと回り出してくるのである。

私は賭け事や女性問題とはほとんど縁が無かった。しかし、彼女にそういう行動をとらせたのには、色々と私にも責任があったのだろう。突然別れたいと告げられたのである。これは驚天動地《きょうてんどうち》か、晴天の霹靂《へきれき》かという感じであった。ずっと夫婦間の綱引きがあり、彼女はとうとう決断したのだろう。私が子供を絶対に離さないし、子供達を離れ〳〵にもしないということが分かってか、支払代金と家の金を持って突然家を出てしまった。

私は必ず帰って来るとタカをくくっていたが、一週間たってもいっこうに帰って来る気配がない。これはひょっとして大変なことになったのかも知れないと気づいた。それは、以前、離婚届けに署名するように言われ書いたことがあった。彼女はそれをずっと持っていたのだ。それをすっかり忘れていたのである。

私は急に不安になり役所で調べてもらったが、既に離婚になっていると言うではないか。これには本当にまいってしまった。しかも、支払いの金が無い。手元に残った金は二十五万円だけ。これではどうにもならない。まさに途方に暮れてしまった。

悩みぬいたあげく父に助けを求めに行った。親父にこんな頼みごとをしたのは初めてだったが、しかし、「金はたとえ父子でも関係がない。頼みやすい所に来るな」とけんもほろろに断られた。それでも切羽詰まっていた私は泣いてすがり、必死に頼んだ。しかし、これ以上言うと警察を呼ぶとまで言われ、くやしさと情けない気持ちを抱いて帰宅した。

手形の期限が迫り、ついに一回目の不渡りを出す。二回目の期限がどんどん迫って来る。頭の中は「どうしよう。どうしよう」と考えるが、思いつくことは愚にもつかないことばかり。何も手につかない。サラ金に手を出し始めたが、事態は悪化するばかり。残された道は従業員を手ばなし、自分一人でやり直すだけである。

一人でやり直すことになってから、その筋の人が二人でやって来た。

そんな状況の中、一人の従業員が課長という名刺であらゆる所で百万近くの飲み食いをしていたらしい。

「おたくの課長が飲んだ分を返せ」と怒鳴り込んで来たのである。現在の状況でそんな金はあるわけがない。私は開き直った。

「今は既に一人しかいないし、昼食もおにぎりかインスタントラーメン。子供に玉子を食べさせる金も有りません。逆さに振っても一円の金も有りません。どうぞ私を持って行きなさい。でも、君達も二人で来て何もなしではカッコがつかないでしょう。ここに一万円あるからこれも一緒に持っていきなさい」とサイフを出すと、彼らは渋々帰っていったのである。

その頃は本当に思い悩んでおかしくなっていたのだろう。子供を連れてこのまま飛び込もうと、六甲の山頂に登った。車の中で息をひそめていると、小学校三年生の下の子供が

「お父さん、私死ぬのいややで」

とポツリと言った。

その言葉がなかったら、現在の自分があったかどうか分かりません。その言葉で本当にもう一度、死ぬ気で一からやってみようと決心ができたのである。

そして私立中学校に入ったばかりの長女に「お父さんがこんな状態になったのは知っているね。あんたは学校の事は、正直どうしたいと思っているの」

と最終確認のつもりで尋ねると、このまま続けたいとの答が返ってきた。その時、本当にこれからの生活をどうするかの結論を出したのである。

二度の不渡りを出し、一人になっている不安定な状態では、卒業までの家計を維持出来ない。それでは就職をして毎月の安定した収入を得るのが、今とるべき最良の方法であろう。

しかし普通のサラリーマンでは四十二歳という年齢ではどこにも職はない。タクシーであれば努力次第でそこそこの収入を得られるかも知れないという結論に達した。

結論を出したのはいいが、会社を閉鎖する時のエネルギーというのは、想像以上のものがあった。閉めるための資料作りも一人でやらなければならない。そして借金取りや債務者会議等、こんなに大変な作業だとは思ってもいなかった。車を持っていく人、貴重品を持っていく人、待ってくれる人等様々である。

閉鎖を決めて今までお世話になった得意先を回る。これも辛いことであった。ある日、日本に冠たるS金属傘下の会社へ挨拶に行った。

この会社は、親会社からシステム会社を作るために、たったの六名から出発した。それから十年、いつも私を第一に考えて発注してくれていた。挨拶に行った頃には従業員三百名近くの企業に成長していた。

その社長から呼ばれ、挨拶は済んだのに何事かと思いつつ、会議室、役員室、社長室、事務室と私が一から関わってきた社屋の、社長室のドアを開けて入って行った。

社長は閉鎖する企業の人間に対するとは思えないほど、ていねいな態度で接してくれ、私に椅子を勧めてくれた。私は何の話があるのか分からずにかしこまっていた。すると社

長はポケットから封筒を取り出して言った。

「子供さんに何か買ってあげて下さい」

「あっ」と思ったがすぐには言葉が出てこなかった。

本当に驚くと同時に鳥肌が立った。

「いえ、十年以上もお世話になった上にこんな事をして戴く訳にはいきません」

と繰り返すことしか出来なかった。すると、

「あなたにあげるのではありません。子供さんに美味しいものでも食べさせてあげるようにと言っているのです」

実際に子供に玉子を食べさせるのもままならない状態だったので、社長の差し出す封筒のお金は本当に喉から手が出るくらい欲しかったのではある。

いろいろな事があった後だけに私はこの時ほど人間の心の暖かさ、ありがたさを感じたことがない。たった六名の会社を苦労の末大企業に育て上げた人の度量の広さと、人情に感謝しつつ押し頂いた。

免許取消し

タクシー乗務を始めた頃のことである。長女の学校から連絡がきた。遅刻が多く、このままでは学校として責任を持てないと通告してきたのである。入学して間もなく母親が居なくなり、精神的な負担も大きかったのであろう。少しでも楽になればと思い、ローンの残る家をそのままにして、学校の近くに家を借りて移り住んだ。〃孟母三遷〃ではないが、それで彼女は立ち直ってくれた。

その結果少し後顧の憂いがなくなり、タクシー乗務に専念出来るようになった。その後、それはもう必死に乗りまくり、平均水揚げが百万円位、最高百二十八万円にもなったことがある。これでやっと生活が出来るようになると思えた。

そのうち次女の中学進学の時期が来た。公立中学の校区ではあまり良い噂は聞かない。最近の世情を考えると〃いじめ〃の問題がまっ先に浮かんだ。不登校になったり自殺したりという子供が多い。どちらかと問われれば、まだ私学の方がいじめ等の憂いは少ないのではないかと思われた。子供を育てるのは自分一人しかいないし、次女の将来や諸々の事を考えると学費はかかるが私立の方が良いと判断した。

知人、友人、親類一同は、〝何を考えているのか〟と賛同してくれる人は皆無であった。しかし万一、子供がそういう立場になった場合の事を考え、独歩することに決めたのである。

子育てで本当に悩み苦しんだのは、彼女達が女性になる時のことである。正直いって私には全く理解ができなかった。本当に彼女たちは父親に生理のことを告げるのは、いやなことであったに違いないが、意を決したのか〝生理だから、お金をちょうだい〟と言ってきた。私にとって青天《せいてん》の霹靂《へきれき》とはこのことである。頭を打ちのめされたような状態であった。男が彼女たちの下着を買いに行くことはできない。とりあえず金を渡すしかなかった。そうこうしていると、風呂場に使用済みの下着がバケツにつけてある。しかたがないので自分で手洗いをした。これは自分の子供だからこそ出来たことである。

これは母親が居れば、こんな場合の下着の処理の仕方を教えていたであろうが、男親の私としては、手洗いをして、洗濯機に入れることしか出来なかった。しかし、これを数回繰り返すと、彼女たちも自覚してくれたのであろう。ピタッとそれがなくなったのである。

しばらくは生活も順調に過ぎていった。しかし、それも長くは続かなかった。私の人生は何なのかと、思わざるを得ない事が起きたのである。

阪神高速道路を九十九キロで走行

中、オービスが光った。〝しまった〟とは思ったがタクシー会社の人間である。最悪の事態にはならないだろうと夕カをくっていた。しかし、裁判所からの呼び出しの結果、免許取消しになってしまった。

会社倒産時もさることながら、この時のショックは物凄いものであった。これからの生活、子供達の学校の事を考えると真暗闇であった。

会社でも、〝想像以上に厳しかったなあ〟という言葉をかけられたが、如何せん他人事である。失業保険をすぐにもらえるようにしてやると言われ、多少の期待はしたが結局何もしてくれなかった。免許のない運転手など置いておく理由は無いということで、解雇同然であったが、実際は自己退社扱いである。上手くやっかい払いをされたという感じであった。

ここで挫けては子供達の人生はどうなる。三、四日呆然としていたが、やっとの思いで職探しを始めた。しかし、思うようにはいかず、しかたなしに訪問販売の会社に就職した。阪神大震災の前年、十月頃のことである。

この会社では屋根材等の建材を持って、一般家庭を一日百軒近く回って歩く仕事をした。その苦労が実って、その年の十二月には百万の手取りがあった。これで何とか年を越せたのである。

年が明け、例の大震災である。これは皆様御存知の通り、まったくひどい事であった。その惨状はここでは控えておくが、仕事も大変であった。

平常時の三倍の受注があり、注文は取り放題だったが、受注するだけでほとんど工事が出来ない状態であった。工事をしてもクレームに手が回らない。私はしばしばリーダーに嚙み付いた。

「企業だから高く売るというのはまだ許せる。でもこんな大変な時に、こんな悲惨な場所で、藁にもすがる思いで大金を出して発注してくれているのだから、せめてクレームだけでも早く処理してあげて下さい。でないとあまりにも酷すぎます」

しかし、ほとんど無駄であった。そうこうしているうちに、どんどんキャンセルが矢の様に届いてくる。当たり前である。

結局半年あまりで売上げ一位一回、二位二回、三位一回を得た。我々が軒並み訪問しアポイントを取り、リーダーが契約を取るというシステムだったが、実際は時にはだまし、時には威しで、強引に契約を取り付ける。いくら金になっても、こんな仕事は私には合わないと思った。ストレスは溜るばかりで、精神衛生上良くないと退社を決意した。

それからはありとあらゆる仕事に就いた。日雇い、ガードマン、引越し、宅配、トラック等々。入れた学校は必ず卒業させるという思いで一杯であった。

ところがまたもや天は、試練を与えてくるのである。

九カ月の生活保護

ガードマンをしていた時の事。現場から少し離れた所で同僚と帰り道を急いでいた。その時突然彼の視界から私が消えていた。側道の一メートルくらいの溝に落ちたのだ。腰と足をしこたま打って動くことが出来ない。取り敢えず彼に支えてもらい帰宅したが、一週間程は痛くて歩くことも自由にならない。

それまでは〝何くそ、負けてたまるか。艱難辛苦なおこの身に積れかし、限りある身の力試さん。いつか必ずもう一度立ち上がってみせるぞ〟との思いで必死に頑張ってきたが、体が動かないということほど気力を萎えさせる要因はない。なぜ、こんなに色々な事が起こるのかと思い悩むばかりであった。

しかし、何とかしなければならない。もう恥も外聞もない。それまでは生活保護ということも知らなかったが、区役所まで行くことも出来ないので、電話をすると飛んで来てくれた。そして、ほぼ即決で保護を決めていただいた。これは苦しんだ末の神の助けであった。一所懸命働いてやっと得る収入より多い保護費が出たのである。これで私の病んだ心が少しリフレッシュすることが出来た。

いけない事とは分かりながら、保護を受けながら少しずつ働きだした。いつまでも保護を受けている状態を続ける訳にはいかないと思いながらも、人間楽な方に流されるものである。結局七カ月間保護を受けて、自分から打切りを申し出た。

それから数カ月が過ぎた。用事で東京からの帰り、新幹線の中でござっぱりとした中年婦人が隣に座った。タバコを所望されたので、渡してしばらく黙っていた。すると突然彼女が言った。

「私は神に仕える者ですが、貴方はすごい人物なんですよ。自信をお持ちなさい」

何が人物なものか。〝今までの人生を見てみろ〟という思いで聞いていた。子供が貯めていた一円、五円の貯金を、恥ずかしいので子供に紙幣に替えさせて生活苦を凌いできた。これほど親として情けないことはない。こんな生活が長い間続いているではないか。

家は別れた女房と共有財産にしていたが、バブルがはじけた直後なので、まだまだ財産価値はあった。今売れば借金返済も出来るし、少しは残るので売却を持ちかけた。ところが自分が住むつもりでいたのか、「売りもさせない、貸しもさせない」という答えが返ってきた。持って出た金はどうなったのか知らないが、かなり困窮している様であった。

こうなれば仕方がない。競売になるのを待つしかない。そして、とうとう競売で取られることになってしまうのである。

執行官は学生時代の友人

最初の差し押さえの時には、初めてのことなので私を驚かせるのに充分であった。この時ばかりは、兄に頼んで買い取る金を無心する。その後差し押さえのことは忘れていたが、二度目の差し押さえがやって来た。

業者と執行官がやって来てどんどん下見をしていく。自分としては気分も悪いし、相手を見ないようにしていた。ちらっと横目で見たところ、なんと執行官は学生時代の友人であった。こんな事情であるから声をかけるのはためらわれたが、思いきって言ってみた。

「おっ、A君じゃないか。私や、憶えていないか」

一寸ポカンとしていたが、

「なんや、H君やないか。大変やな」

と再会の挨拶もそこそこに仕事を進めていく。帰り際に友人は私に近付いて来て、

「こうなったらしかたないやないか。とにかく払い戻すことやな」と言って出て行った。私は恥ずかしくて、居たたまれない思いであった。

その分はなんとか払い戻しの金を用意して、持っていかれずに済んだ。

その後、私が不在で子供だけが居た時、誰かが来て家の中を調べていったらしい。何か言っていたかと訊ねたが、「何もないな」と言って帰って行ったらしい。何が幸いするか分からないものである。

それ以来数年経つが、差し押さえは今のところ一切来ていない。

タクシードライバーに再度挑戦

もう一度タクシーに乗って生活を安定させること。それが今私のとれる最良の方法であろう。しかし、学校に通って取得するほどの金は無い。そこで、一発勝負で普通免許を取得することから始めた。

過去に取り消し処分を受けた者に対して、試験場は相当に厳しい。受けども受けども受からない。とうとう期限切れの一回前になってしまった。試験官も「今度は取りましょう」と言ってくれたが、緊張してガードに乗り上げてしまった。

「いくら取ってもらおうと思っても、乗り上げてしまってはどうにもならないじゃないですか」

と同情されてしまう始末。

「最終の試験でも本当はだめな部分があるのですが、何とか受かりました。よかったですね」

と、すんでのところでセーフであった。

それから続いてタクシー二種免許である。これもなかなか受からない。とうとう試験が受からなければ、子供の入学金を作れないというところまで来てしまった。これを考えると絶対に通らなければならない。しかし、そう思えば思うほど体は震え、手足は思うように動かない。

「次は必ず通りましょうね。次回も私が担当することが出来ればいいですね」

と言ってくれたその人が、運の良いことに担当試験官になった。

「今日はクリスマスイブです。何か良いことがあればいいですね」

そのやさしい言葉が、私をリラックスさせてくれた。その結果は、最後の時点で何とか受かり、子供の入学金も納めることが出来たのである。

タクシーに乗ってからは本当に人の倍は働いてきた。丸一日休むことなく、それこそ走り続けである。それから休まずに半日間働き、半日帰って休む。これを一年以上一度も休まず続けたのだ。

子供の学費を稼ぐためには会社を替えて支度金をもらう等、考えられる事は全て実行した。年に一度くらい、本当に効率の良いアルバイトをしたり、本給以外にあらゆることで本給並の収入を得てきた。

介護保険制度ができると聞いた時は、ホームヘルパー派遣業者として登録しようと思い、乗務しながら学校へ通いヘルパーの資格を得て出発しようと思っていた。ところが進学しないと言っていた次女が大学に行きたいと言いだした。自分の商売は二、三年延ばすことは出来るが、彼女にはその年しかない。介護事業は断念して大学進学につぎ込んだ。

私はタクシーに乗り始めてから、最近特に凶暴なタクシー強盗が増えていることに憂いを感じている。今や運転席の後ろに付けている防護板だけでは何の役にもたたない。皆さんは自分がタクシーに乗られた時の事しか知らないでしょうが、タクシードライバーというのはかなり危険な職業なのです。

待ち時間

城見町から新大阪まで男性二人乗車。(ラッキー)よしこれで新大阪駅に並ぶぞ。一時間四十分ではな番。良い客が乗って来ますように。紳士が来た。ありがたい。ドアを開ける。ポーターに「近くやけど」と言う声が聞こえてきた。(ガクゼン)ポーターは「どうぞ」(何ぬかしやがる)。

「西中島へ行って下さい」

(くそ、歩け、電車に乗れ。一時間四十分待って六百六十円。むかむか来とんのや)

「はいわかりました」(返事もしたくないわい)。

「悪いですね」

と言って千円出す。

「これで結構です」

(三百四十円の金なんかもろても嬉しないわい。小型に乗れ、小型やったら中型の二分の一の時間で回るんじゃ)。

「あっそうですか、ありがとうございます」

(六百六十円で領収書なんか取るな。くそおもしろない。なにくそもう一回入ったる)

今度は一時間三十分。さっきよりも十分早かった。今度こそは。

「阪急の」

(おっ阪急。そこそこ行くかな)。

「阪急の○○」

(ガクッ。何ぬかす)

「はぁーどうぞ」

(ドアを閉める。何たることや)。

「九百八十円。ありがとうございます」

よし、こうなったら意地やもう一回入ったるぞ。今度も一時間三十分。

「新大阪ガーデンパレス」

（おばちゃんもうどうなってんねん。ええ加減にせえ）。

思わず気落ちした態度が出てしまう。ドアを閉めて、もう挨拶もしたくない。くそ、意を決して言うたる。

「お客さんまことに申し訳ありませんが、私達中型は二時間近く待ってるんです。小型だったら三分の二くらいで回転するんです。すいませんが御理解いただけますでしょうか」

「あっそうですか。何も考えずにすみません」（考えろ）。

「いえ。勝手なことを言ってすいません」

自分でも勝手だと思うが、チップをもらった時は、三百四十円もろても嬉しくないと思い、今度はきっちり千二十円出しやがって、二百円つりを出しながら百八十円くらい置いていけと思ってしまう。

「ありがとうございました」

（神も仏もないのか。六時間近く費やしてなにが二千五百六十円じゃ。一時間あたり四百円。子供のアルバイト代にもならんわい。もういやや。並ばんぞ)。

別の日。本当にホントウに二時間待った。紳士ひとり(やった)。

「阪急インターナショナルホテル」

(くそおもろない。前を見たまましかめっ面をする)すると間髪入れずに、

「なんやいやなんか。いややったら降りる」

「お客さん私は何も言ってないじゃないですか。それに、〝はい〟と言ってタイヤ半分動かしてるじゃないですか。降りると言いはるんならどうぞ御自由に」

ドアを開ける(ポーターに言ってやがる)。

「気分悪い。協に言ったる。Hやな電話番号教えろ」

「すいません。空車で出しますから許してやって下さい。空車で出ろ」

とポーター。

「何言うてまんねん。私は一言もいやなんて言ってないし、見ても分かるように少し動か

してるやないか。冗談やないで、何で二時間も待って、拒否もしてないのに空車で出なあかんのですか。電話するならしたらええ」

(絶対に空車なんかで出えへんぞ。今までお前は何回も近くだからといって運転手からいやな目にあってきたんやろうが、私にやつあたりするな、あほ)。

謝礼

紳士三人。本町から長田まで。

「ありがとうございます」

(三千円は出る。嬉しいな)。

うきうきしながら長田に着いた。

「ありがとうございました。お忘れ物のないように」

良かったと思いつつ、市内に戻って来て客を乗せる。

「どうぞ」

「あっ。忘れ物のカバン」

「えっ。そうですか。すいません」

その客を降ろして胸ポケットに手をやる。しまった携帯を忘れて来た。ひょっとして会社の方に電話を入れてはるのやないやろか。電話を入れてみよう。案の定会社に電話が入っていた。会社の方も私の電話を待っていた。

「今すぐこの番号に連絡してあげて」

「はい分かりました」

すぐに電話をする。

「悪いけどメーターを倒してさっきのところまで持って来てくれますか。高速使って構いません」

ラッキー。また三千円は楽に超える。高速やから早い早い。二十分位で着いた。約一時間二十分で七千円超える。こんなことがしょっちゅうあればいいなと思いつつ目的地に着いた。電話を入れる。早く来ればいいな。合計で七千円もあった。嬉しい。すると本人がビルから出て来た。

「いやあどうもありがとう。助かりました」

「いえいえ、私の方も往復やからありがたいです」

「いくらになりますか」

「高速代を入れて四千五百四十円になります」

「そうですか。分かりました。ところでお礼はどのようにさせて頂きましょうか」

一瞬意味が分からずポカンとしていた。

「いや大事なものが入っていたので本当にありがたく思っています。是非お礼をしたい」

(え!! ウソ、本当? 夢みたい)。

ここは−武士は食わねど高楊枝−男らしくきっぱりと断らねばならない。しかし何と自分はいやな人間か。のどから手が出ていたのである。

「とんでもない。そんなつもりでお持ちしたのではないのです」

なんと声が弱々しいことか。顔にも表れていたかも知れない。押し問答をしていると、相手はやおら財布を抜き出して来た(あら、財布が相当ブ厚い)。

「金よりも大事なものが入っていたので、本当に助かりました」

五千円くらいと思いきや、何と一万円札を出しているではないか。そうなると人間汚いもので、顔がほころんでいるのが自分でも分かる。二枚、三枚と数えだした。ウソ、と思っているうちに三枚で止まった。

「少いですがこれでどうでしょうか」

「そんなそんな。そんなつもりではありませんから」（そんなという言葉が三度も出てしまった）。

と言いながら手が出ているのである。何と早く手を出すのか。お前は何という人間だ。という心とは裏はらに、手の中に三万円が、自然といつの間にか収まっていたのである。

「そうですか。そこまでおっしゃるのであれば遠慮なく頂戴します」

何がそこまでおっしゃるのであればだ。相手の気が変わる前に早くしまってしまえ。帰りはうきうきである。これは気を引き締めないと事故を起こしてしまう。それでは元も子もない。冷静に、冷静に。自然と車内でほくそえんでいる自分が居た。

真夜中の美女

夜十二時過ぎ。珍しく阪急ガードの横断歩道の所にタクシーが一台もいない。すると黒いドレスを着て、遠目にも美人だと分かるくらいの女性が手を上げた。

「ありがとうございます」

ドアを開けると乗って来た。相当酔っぱらっている。ベロベロである。

「運転手さん。私お金を持っていないの」

「ええ、お金持っていないのですか。お金も持たずにタクシーに乗ったらあきませんよ」

でも本当に美人である。心臓がバクバク、ドウキがどきどき、のどが渇いてくる。筆舌につくしがたいほどラッキーと思う半面、いくら金がかかるかと勝手に思いを巡らせている。

「運転手さん、私寒いの。どこかにつれて行って」

そらきた。これは久し振りにいい思いが出来る。どうしよう、どうしよう。このままホテルにでもつれて行こうか。ホテル代と彼女にあげる分でいくらかかるだろう。頭の中がぐるぐる回り始めた。あせってきた。もう一度よく考えた。少なくとも三万や四万はいるだろう。これはだめだ。それだけあれば子供に何か買ってやれる。

「お金が無ければだめです」

するとさらに女が言う。

「お願い。私お金持ってないし、寒いから、どこか暖かいところにつれて行って」

誠に惜しい。惜しいけどダメ。悪いことをしてはいけないという正義感などではない。ただお金が惜しかったのである。

「それはもうかんべんして。他の車に乗って」

走り去った。後でどれだけ悔やんだか。あんな美人とめったに良いことなど出来るものではない。なんと小市民か。でも本当に惜しいことであった。

ある女性ドライバーの話

女性ドライバーA子さんは、北新地から三十歳前後の男性客を乗せた。その客は、もじもじと落ち着がなく、何か話をしたそうな感じであったが、意を決したように話しかけてきた。

「運転手さん、お願いがあるのですが」

「何んですか?」

「ぜひ、電話番号を教えてほしいのですが……」

彼女は帰りにまた乗ってくれるのかなと思い、

「いいですよ、また乗って下さいね」と電話番号を教えたのだった。ところが翌朝、その彼から電話がかかってきて、

「自分は三十五歳で未婚だが、毎月いくらかで契約をして、テレホンセックスのお相手を

お願いします」

と、言うではないか。彼女はあ然としてしまいしばらく声も出なかったが、

「そんなことは出来ません。タクシーに乗っているからといって、バカにするにも程があります。もう電話はしないで下さい」

と毅然とした態度で電話を切ったのである。

また、本当に恐い思いをしたのは、一見、りっぱな紳士然とした客を乗せて、高速道路を走っていたときのことである。

それまでは取り留めのない話をしていたのだが、後部座席から髪の毛をやさしく撫でてくる、そして、揚句の果てはワキの下をさわりにくるのである。高速に乗っているのですぐに止まる訳にもいかず、

「お客さん止めて下さい。何をするのですか!! そんなことをしたら、安全運転が出来ないでしょう。高速を降りたら必らず警察へ行きますからね」

と強い口調でモーレツに抗議すると、行為が止んだので本当にほっとしたとのことであ

った。

本当に残酷なのは男性より女性だとのこと。例えば中年の相当裕福な感じの女性の客を乗せたときの話しであるが、彼女は、さもあなたと私は格が違うのだと言いたげに、「あなたは大変ね。私は気楽にゆっくり生活しているけど」と誇らしげに言うのである。

そんな時は、同性のいやらしさをつくづく感じるそうである。

私達はそんな人達を最も軽蔑していることを、彼女たちは知らないのだろうか。

忘れられないサギ事件

これはもう、本当にくやしい、性懲りもなくやられたのである。これは、思いだしても涙が出てくるくらい、忘れたいのに、ふつふつと、よみがえってくるのである。

なぜ、そんなにくやしいのかと、つらつらおもんみるに、神戸の事件から数カ月しかたっていないのである。本当に自分のバカさ加減が身にしみて、何度も自分の頭をたたいても、頭から離れないのである。

さて、本題に入るが、市役所の橋のたもとからむさくるしい姿の若いお兄ちゃんが走ってきた。その直前、眠たくて三〇分程度寝ていたのだが、一瞬、何かうさんくさそうなお兄ちゃんやなと、頭を過ぎったのは覚えているのだ。しかし、人間を外見だけで判断するのは、人間として最もいやしむべきことで、私はそんな人間ではない。

私は人はどう思うか知らないが、自分自身は清廉潔白で悪い事は何一つやらなかった人間だと自負している。

しかし、いっぱいタクシーが客待ちをしている中を、かいくぐってきて、少し変だなと思ったことは確かなのだ。心斎橋まで乗せてというので、たかがワンメーターやし、私の営業範囲はそっちがメインなので、自動的に行くのだから、空車で行くよりは良いかと思って出発したのである。

「運転手さん、実は話があるんですけど、いいですか？」

と礼儀正しいので、〝見かけによらず悪い人間ではないな〟と思ってしまったのである。そして、第一印象で人を左右してはいけないのだなと、ちょっと反省した。しかし、これがいけない。

「何ですか？」

「実は自分の女が酔ぱらってて、金がないから迎えに来いと電話がかかってきて今から行くんですけど、自分もそんなに持ち合わせがなくて、女を迎えに行ったら神戸まで帰るんやけど、神戸に帰ったら、きちんと清算するから、少し貸してくれませんか？」

ときたのである。

後から考えると、電車は無し、こんなオフィス街に家をもっている人間なんてそうざらにあるものではない。――今とちがって、五〜六年前といえば、携帯電話もそんなに普及していないし、どうして連絡がとれたのかと、不思議に思わないほうがおかしいのだが……。

「え!! 私がお金を出しまんのか? 何ででんねや!!」

「とりあえず少しでいいやけど、あきませんか?」

「千円札持ってません?」

と来たのである。

(バカにするな千円札くらい持っとるわ。この甘さと負けじ魂がいけなかった)。

むくむくと私のアホさ加減がもりあがってきたのである。

「千円くらいありますけど」

と言ってしまったのである。

そこで運転しながらついシャツのポケットから札束を出してしまった。これがよくなかった。

奴《やつ》、あのやろう、あの敵、後は何でもいい、罵倒できる言葉は何でも使ってやる。バックミラーで見ると確かに顔色が変わっていた。

「いや二万でも三万でも貸しといてくれませんか？」

「そんなん。いやですよ。何で私がそんな金を出さなあきませんねん」

「そこを何とかお願いできませんでしょうか。連れて来たら必ず神戸へ帰ってお支払いします。絶対に迷惑かけませんから。代りにこのカードを渡しときますから、何とかお願い出きませんか？」

（ここで一つ自己弁護をしておきたくそうろう。直前に寝ていて頭が正常ではなかったということ。正常であればこの私が、こんな単純な手にひっかかるものですか）。

「ほんまに返してくれまんねやな。私は会社つぶして本当に苦労して三人の子供を自分一人で運転手しながら、人の倍働いて、寝ずに、大学まで行かしてますねん。こんな人間を騙したらあきませんで!!」

「分かってます!! 必ず戻って来ますから このカードを持っといて下さい。ありがとう」

あのやろう、車を降りたら少し早足で歩いていたが、角までできたら走り出したのだ。これはついて行かないといけないと思い、シートベルトをはずし、ドアを開けて降り、姿を探したのだが、その姿が見えない。

〝しまった!!〟動悸は早くなる。頭に血がのぼり頭が痛い。そこに倒れそうになるが、そこは男の子、かろうじて、角まで行ったが、影も形もない。〝どろぼうー!!〟と大

声で叫びたいが、叫ぶのも恥ずかしい。ただ、あっちこっちをウロウロと探しまわったが、姿がないものはどうしようもない。何と一万円札を三枚ですよ。三枚。おまけに千円札六枚で、都合三万六千円。

この時ばかりは本当に自分がいやになり、人間というものを止めてしまいたい気分になってしまった。さらに何を思ったか帰ることもない、そいつを二十分もそこで待ってしまっているのだ。自分でも気分が動転してしまい何をして良いのか判断がつかなかったのだ。三万六千円、これは私にとって大変な金なのだ。本当に血のショベンを出しながら、子供の貯金を借りて生活していた中の三万六千円。身も心もボロボロになってしまった悲しい話でした。この出来事は終生忘れることはない。

タクシードライバー仲間T氏の話

元同僚で現在四十歳近い年令の、私の目から見ても〝かなりもてたであろうな〞と思われるT氏の話である。

その日はどしゃぶりの雨であった。時刻は真夜中の三時頃。彼は〝世の中不況で、タクシーを利用する人も少ないし、そろそろ入庫しようかなあー〞と思案しながら流していた。すると、どしゃぶりの雨の中を、年の頃なら二十三、四の若い女性が進行方向に向かって歩いているではないか。

彼はこの真夜中に雨の中を歩いている女性を、かわいそうに思いわざわざ車を止めて、ドアを開け、ドア越しに、どこまで行くのか聞いてあげた。

夜中の三時頃のことであるし、女性が一人でとぼとぼと歩いているのである。その時は純粋な親切心から取った行動であった。タクシードライバーが、流しているときに、これは客であろうと思うことは、ごく当たり前のことであるし、少し気のきいた運転手であれば、彼のような行動はよく取るものである。

この不景気で客の少ない時期でもある。もし当たればもうけものだ。しかし、予想ははずれ、彼女はただ雨の中を歩いていただけとのことであった。

「どこまで帰るの」

「すぐ近所」

彼は入庫しようかと迷っていたくらいなので、

「それやったら、乗したげるがな、お金はいらないよ」

といって乗せてやったのである。

いろいろ話をしながら運転していると、彼女はこれから友達と飲みに行くのだということがわかった。

飲みに行くのなら、もうすぐ仕事が終わるので、一緒に行こうかということになった(ここまでは純粋な気持ちから彼女を乗せたのだが、その後の彼の行動を聞くと本当に純粋な気持ちからかどうか…）。

社に戻り仕事を終えて来るから、とりあえず、近くのレストランで待っているように—、ということで話がついた。

仕事を終えた彼は、心ウキウキ、ルンルン気分で約束したファミリーレストランに自家用車を横づけにしたのである。

彼女は友達とすでに落ち合っていた。彼は自分の横に彼女、向いにその友達という配置で席を取った。彼は向いに座わっている彼女の美貌に目を見張った。

ウキウキした気分で、食事を取りながらビールを飲み色々な話をしているうちに、ビールを飲み過ぎると誰でもがそうであるように、トイレに頻繁に通った。その間、彼女達とうちとけて和気あいあいとした雰囲気であったので、気をゆるし、サイフの入っている背広を席に置いていたのである。

もう、だいぶ時間も経っていたので、最後にトイレに行き、いざ精算をしようとして、サイフを見ると、数枚入れていたはずの一万円札が見当らない。彼は、これから彼女たちと何があるか分からないので、一万円札が数枚入っているサイフの中身を確認していたのである。

彼女達に取られたということは、その場の状況からはっきりしていたので、その時点で彼は態度を急変させ、

「あんたら、わてのサイフから一万円札を取ったやろ」

「そんなん知らん、取ってない」

取った、取らないの話の繰り返しとなった。とにかく警察に行こうということになり、自家用車で警察に向かった。

その車中で彼女達は

「あんたも酒飲んで車を運転していいのか!!」

「そんなものかまわん。とにかく数万円取られたんや、警察で話つけたる」

といさかいになり、ついにつかみ合いのケンカになってしまった。その際つかまれた胸ぐらを振りほどこうと、払った手が彼女の顔に強く当たってしまった。

「あんたの手が当たった衝撃で、歯がぐらぐらになってしまったやないか。どないしてくれる」

というこことになった。

そうこうしているうちに警察に着き、事情を説明して、婦人警官が身体検査をしたが、盗まれたと思っていた一万札数枚は、どこにもなかった。

そうなると警察には行ったものの、今度は彼の傷害罪と飲酒運転ということになり、形勢は完全に逆転してしまうのである。

そこで、さっそく飲酒検査ということになったが、幸いなことにそれにはパスした。しかし、警察の見方は女性に声をかけたのは、仕事中だから、この問題は仕事の延長だということになり、会社に通報されて、事務所の人が急遽もらいさげに呼びだされるはめになってしまった。

結局、警察では、

「夜中に歩いている女性には、ろくなやつはおらんのやから、気をつけや」

と説諭され、傷害罪の方は彼女が告訴を取り下げたので、なあなあで終った。しかし、治療費として十万円を支払ったとのことである。

そこで、不思議に思うのは、その数万円はどこに消えたのか？　今さら、それを考えても仕方がないことであるが、原因は彼のよこしまな考え方と、彼が男前で若い頃から女性にもてたという自信であることはまちがいない。

彼は男前であるがゆえに、傷害罪には問われるは、会社の評判を落とすは、警察にはこっぴどく怒られるは、さんざんな目に遭ったのである。

私は容貌も悪く、年も取っていて、女性問題などとは一切無関係であるが、そのひがみからか、「いい気味だ」などと書くと、その男前氏に怒られるかもしれない。

恐いお兄さんの理不尽

夜中の一時頃のことである。繁華街を客を探しつつトロトロところがしていた。すると
ベロベロに酔っ払った少し恐そうな黒ずくめのお兄ちゃんが車を止め、転がるようにして
乗ってきて、
「南森町を右に曲がれ」
とえらそうに言ってきた。その時点では、いやな予感を感じたが、
「ありがとうございます」
と言ってドアを閉じて走り出した。逆一方通行の筋を越えてトロトロと走って行くと、
突然、
「何んで、そこを曲がらんのや」
とのたまわってきた。

「あれは一方通行やで、だめですよ」と返事をしたところ、頭に来たのか、

「こら!!　お前、K協か、Mか、C無線か、わしは何んでもチケットを持っているんや」

と怒鳴ってきた（それが、どうしたんや、チケット持ってたらなんやねん）。

「はい。K協です」

「お前なめとったら、あかんぞ、早よ行かんか」

とすごんできた。もう私も頭に来ていたが、相手にする気もなくなっていたので黙っていると、その内に眠ってしまった。

（まあ、うるさくなくていいか。右に曲がったら起こそう）と、右に曲がった所で

「お客さん南森町を右に曲がりましたよ」

と起こしたのだが、なかなか起きてくれないので、さらに大声で叫んだ。

「う～ん、ここはどこや」

「南森町を右に曲がったところです」

寝ぼけていたので、しばらく訳が分からなかったのであろう。少し考えている様子だっ

たが
「ああ～来すぎや」

「あ、そうですか。行き過ぎたのですか。バックしましょうか？」

と怒らせては面倒だと思い、やんわりと言った。

「まあ、ええわ、走れ!!」

と言ったので、少し走ったが左に曲がる道が見つからないので、困ったなと思いながら走って行くと、

「おい、お前どこまで行くつもりや」

「お客さん左に曲がる路がないのです」

と、恐る恐るやんわりと答えると、

「バックせえ」

と、するどい口調で言う。そこで私は、

「お客さん、元の道までは、二百メートル～三百メートルも有りますので、無理ですよ。

かんべんして下さいよ」

「なにっ!!　お前どこまで遠回りするんや。バックせえ」

と言い張る。その時は私も堪忍袋の緒が切れかけていたので、意を決して、

「だから、あの時バックしましょうかと聞いたでしょ。直すぐ走れというから、ここまで来たんじゃないですか。あまり無理を言わないで下さいよ」

ときつく言い返した。すると、

「バックでけへん？　よし分かった。じゃあ、その交差点を曲がれ。お前そんなんやからタクシーの運転手やってな、あかんのや。この甲斐性なしが」ときた。

もう我慢ができん。完全にキレタ。

(何ふざけたことをぬかしとんねん。お前にそんなこと言われる筋合はない。バカヤロウ)。

と、心の中で勇ましく言い返していると、

「そこで止まれ。お前、K協に言って運転手出けへんようにしたるぞ。お前、名前何んて

言うねん」

私は恐そうなお兄ちゃんへの恐怖も薄れるほど、怒りが心頭に達して、蒸気が頭から吹きだすような状態になった。

「どうぞ、電話でも何んでもして下さい。私の名前はHです」

と言って、少し小さめの声で、

「ありがとうございます」

と日報を書きながら言った。これはささやかな私の抵抗である。

すると、

「こらっ!! お前は客にありがとうとも言わず、書きながら何や」

と、きた。〝このやろう〟と思いつつも、バックミラー越しに大きな声で、

「ありがとうございます」と言うと、

「こらっ!! お前。客に対して、前向いてあいさつするんか」

とたたみかけてくる。

（クソ、クソ、偉そうに何にぬかしやがねん）。

でも、ここで怒ると金をもらえなくなると、怒りを押し殺して、振り向きながら、

「ありがとうございます」

ともう一度言うと、あろうことか、

「声が小さい」

とこうきやがった。もうだめだ。

（どつき回したる、覚悟しとけ）と、勇ましく、「ありがとうございます」と大声で答えると、

「一生、運転手やっとけ。この甲斐性なしが」

と二度まで言ってくれたのです。

お金はもろた。こっちはクルマ。ここではっきりとキレタ。

「ほっとけ、バカヤロウ!!」

と大声で怒鳴ると、ドアを閉めて急発進で逃げ出した。

（タイヤを蹴りやがったな。チクショウ。何とむかつくガキや）。

案の定、追っかけて来たが、

（お前なんかに負けるか。アホンダラ）。

しかし何んという根性なしなのだろう。暴力を恐れずちゃんと話ができない自分にも腹が立つし、相手にも腹が立つ。

（お前なんか客と違うわい、アホ）。

やっと逃げ切れた。しかし、足がふるえているのである。

品格のない紳士の理屈

夜の十時半頃のことである。紳士然として二人が手を上げている。車を止め、ドアを開ける。

「運転手さん、一人途中で降ろして、三田まで行ってくれますか？」

（エッ、三田。まことにラッキー、この時間帯で三田まで行けるなんて。帰りは高速を使わず、ゆっくり帰っても十二時までには帰れる）。

私はルンルン気分で運転したのである。

一人が途中で降りて、さあ!!　いざ三田まで高速に乗って約四〇分で三田に到着である。

「ぼくは寝るから、三田に着いたら起こして」

「どうぞ、ごゆっくり寝てて下さい。三田に着いたら起こさせていただきますので」

と言って、リラックスしながら運転して、三田に着いた。

「お客さん。三田に着きましたよ」

と起こしたが、起きる様子がない。

何かいや～な予感がしてきたが、その時はかすかな不安であった。私が少し大きめの声で起こし始めると、ありがたいことに起きてくれたのである。

「お客さん、おやすみ中、えらいすみませんね」

彼は少しボケぎみだったが、

「ああ、いいですよ」

と言いながら、辺りを見まわして
「まだまだ、ずっと、まっすぐに走ってて下さい」

(ああ、良かった起きてくれた)そして、五～六分も走った頃であろうか。もうここら辺で起こさなければ、行き過ぎてしまってはまずいと、

「お客さん、まだ、まっすぐに走るんですか？」

と大きな声で起こそうとするが、なかなか起きてくれないではないか。でも、さっきは

少し大きな声で起きてくれたから、そんな問題はないかも知れないと思いつつ、さっきより少し大きめに声をかけたが、一向に起きる気配がない。

かすかな不安が大きな不安感に変化し、心に広がった。とにかく起こさなければ。声がかれるほどに、大きな声になっているのが自分でもわかった。その間なんと十分以上。十分以上という時間は、不安を駆り立て、不安を増大させるには十分な時間であることはお分かりいただけると思う。

私はポリスボックスがないかあたりを見回したが見当らない。

(困った、本当に困った。このまま起きてくれなければどうしよう。でも、どうしても起こさなければならない。女性でないので少々、触っても問題はないだろう)。

ひざをたたき、肩、腕をゆすったが、起きる気配はない。私は焦りまくり、肩、腕をゆすりながら、わめいていた。この状態がしばらく続き、やっと目覚めてくれたのであるが、こともあろうに、その第一声が、

「やかましぃ!! 何んでそんなに大声出さなあかんね」

ときた。ア然である。開いた口がふさがらないとはこのことである。

「お客さん、私は突然大声で起こしたのではないですよ。お客さんを起こし始めてから、もう二十分は立ってますねん。普通に起こしていても、起きてくれないじゃないですか!!私の身にもなって下さいよ」

「それにしても、私は耳が不自由じゃないんじゃや。びっくりするやないか」

「だから、今、言ったように二十分くらい、こんなことをしてたんですよ」

「冗談やない、気分悪い。私は金は持っているが払う気がしなくなった」

（こいつ何言うんや、ただ乗りする気だな）。

「エッ、どういうことですか？　払う気しないとは、意味が分からないのですが、ただ乗りするという意味ですか」

相手も感情が激してきたのであろう。

「払うのは払うが、今は払わない」

「冗談やない。あほなこと言いなさんな!!　警察に行きますよ」

すると平然と、

「ああ、行け」

ここまでくると私も意地である。負けてたまるか。

(警察に連れて行こうとする相手をつかまえて、警察の場所を聞いてどないするねん)。

しかし、相手もサルモノヒッカクモノである。〝こういうように行け〟ときた。その通りに行くと駅近くに交番があった。ところがあいにく留守である。

そこで、しばらく待っていたが、その時の気まずさといったら、表現のしようがない。

そこへ巡査が帰ってきた。事の成り行きを説明したところ、彼は、

「チケットは持っているが、今は渡したくない。欲しかったら、明日会社に取りにきなさい。チケットで払ってやる」

「冗談をいいなさんな、お客さん。タクシーはその場かぎりの現金払いが建て前だ、むちゃいうたらあかん」

そこへ巡査が割って入って、

「運転手さん、あんたもこれで商売してるんやから、お客さんを怒らせたらあかんのと違う？」

「冗談やない。おまわりさんがそんな事言うなんて、信じられない。私は怒らそうとして起こしたんやない。だれも客を怒らそうとしている運転手なんかいるものか。普通、十分、二十分声をかけても起きなかったら、大声出すのと違いまっか？　寝ている客に大声を出さないで、運転手にどうせよと言いはるんですか？」

するとと巡査は少しつまったようだっ

たが、とにかく客の方に向かって、

「そうおっしゃらずに、チケットを持ってはったら、今、書いて払ってあげたら、どうでっか」

と客の説得に努めてくれだしたので、しばらくは何んだかんだと抵抗していたが、しぶしぶチケットを書いて、渡し際に、

「二度と君の車には乗らん」

「ああ、結構です。私の方も乗ってほしくないものですね。ありがとうございました」

何んともやりきれない気分で、車庫に向かって車を走らせた。人間は見かけだけではわからないものである。

「紳士」もどき

夜の十二時過ぎのことである。客を探しながら堺筋八幡町近辺まで来ると、一人の紳士が手を上げている。

（やった！）喜々としてドアを開ける。

「ありがとうございます。どちらまで？」と、のっけに

「おい、近かいけどええか、運ちゃん」

ときたのである。「ああ、どうぞ、どうぞ」と気軽に答えたものの、このプライドのない私でさえ、この〝運ちゃん〟という呼び方にはいつも頭に来ているのである。〝運ちゃん〟という呼び方は差別用語かどうかは私には分からないが、それに近いものだと思っている。

確かにタクシーの運転手より、もっとましな、りっぱな仕事をしてはる人は、いくらで

もいるには違いないことは、分かってはいるが、この〝運ちゃん〟という言葉を聞くと〝ムカッ〟と来るのである。話もしたくない。(もっとも、遠距離の客の場合は〝ハイ、ハイ〟と反射的に口から出るので、まことに現金なものではあるが…)不肖、この私、タクシードライバーの社会的地位向上のために敢然として、声を高らかに〝運ちゃん〟と呼ぶのはやめてもらいたいと、主張したいのである(何をええカッコつけとんねん)。

さて、本題を元にもどそう。

私のいやな気持ちが態度に出たのだろう。次の紳士のセリフが

「おい運ちゃん、いややったら、いややと言えよ」と来た。もう、とにかくア然としてしまった。

「私は、何もいややとは言ってないじゃないですか」

と少し口を尖らせて返事をすると、

「そうか、そうしたら、直ぐ走れ」

とここまでは〝けったいなオッチャン〟くらいにしか思っていなかった。そして、しば

らく黙って堺筋を走る。

「ところで、どちらまで行かれるんですか？」

すると、その〝運ちゃん〟の紳士、

「京都の方へ向かって行け」

「京都まで行かれるのですか？」（当然、京都と聞いて喜んで聞き返した。と、どうであろう——）。

「だれが、京都やと言うた。京都の方と言うたんや」

と来たではないか。

「ええから走れや」

「はい、分かりました」

「阪神高速に乗れ」

「はい。分かりました」

と高速に乗るが以然として行き先を言わない。

「お客さん、どこで降りるんですか?」

「京都の方と言うたやないか」

「お客さん、京都の方というてもいろいろ広いですよ。守口で降りるのか、枚方で降りるのですか、それだけでも言って下さいよ」

「分からんやつやな、京都の方言うたら、京都の方や」

「お客さん、運転手を困らさんといて下さいよ。こんな高速を走っているんですよ。どこで降りたらいいかぐらい教えてくれてもいいんと違いますか?」

「じゃあ、京都の境まで行け」

「そうしたら、枚方出口まで行きますよ。いいですね」

「お前プロやろ、思ったように行けや」

「お客さん、ええかげんにして下さい。私は行き先も聞いていないし、お客さんの家も知りません。それに、こんな問答をしていたら高速やしあぶないじゃないですか。行き先なり、どこで降りたらいいかぐらい教えてくれてもいいでしょう」

「よ〜し分かった。降りる。ここで降ろせ」

「アホなこと言わんといて下さい。冗談やおまへんで、こんな所で〝さあ、どうぞ〟言うて降ろせませんがな。それに高速を降りて、すぐの所でも、空車のタクシーなんか一台もありませんよ。せめてタクシーが通る所くらいまでは、私の責任上お送りします」

と言って、もう、私は黙って運転していると、やおら、

「おい運ちゃん（またも運ちゃんである）。わしはタクシーなんか全部無くしてしまった方がええと思っている。そうは思わんか？」ときた。

（何ぬかしやがんねん。わしはそのタクシーに現に今乗っとるやないか。アホなこと言うな!!）。

「ああ、そうですか」

「みな、電車、バスに乗ったらええんや、終電車までに帰ったらええんや、そうしたら健康にもいいし、一石二鳥や」

ここで、私がご無理ごもっともでは、男の沽券にかかわると思い、

「でも、タクシーが無かったら、困る人が多いと違います？」

「そんなことはない。皆歩けばええ」

「お客さん、健康な人ばかりではないですよ。お年寄り、体の不自由な人はどうするんですか。それでも歩けとおっしゃるんですか？」

「ウーン、それは気がつかなかったな。ほんまやな。運ちゃんの言う通りや」

（どんなもんや。でも、何回も運ちゃん、運ちゃん言うなアホ）。

「そやけどな運ちゃん、わしはいつも体の不自由な人のおかげで、こうしていられるやと感謝してんねんで」

とこう来たのである。

もう、この私は頭にカチンと来てしまった。こう見えても、この私、介護の仕事をしようと、タクシーに乗りながら、ホームヘルパー二級を取るべく学校に行って取得して来たんや。お年寄りや、体の不自由な人をばかにしたような言動をゆるさん。

「お客さん失礼ですが、そのものの考え方はどうかと思いますよ。お客さん、ノーマライゼーションという言葉を御存じですか?。ノーマライゼーションとは、体の不自由な人も、健常者と同じように人間として有りのままに生活していくという事です。お客さんの言うように単純に聞けば感謝しているということで、〝アーそうか〟ということになりますが、その感謝たるや、体の不自由な人に対して不遜ではないでしょうか。何が感謝ですか。体の不自由な人の上に立っての、感謝という言葉が出てきているのではないですか?」

と言ってやった(何とカッコいいでありませんか)。すると、〝ウーン〟と唸り出して、

「運ちゃん。君の言う通りや、私はこの年になるまで専務と言われてきたが、タクシーの運転手に意見をされたのは初めてや」

と私の話に理解を示してくれた。

これで少しは、この紳士も非健常者のことを理解してくれるかもしれない。そして、この私の話をしっかりと理解してくれたとき、この紳士は私が嫌っている〝運ちゃん〟という呼び方をやめるだろう。そのとき、この紳士は〝紳士もどき〟からほんとうの〝紳士になるのだ。

女性漫才師、I・Mの話

夕方、新大阪からそこそこ離れた所から、新大阪まで、客を乗せて行った。

客を降してタクシーレーンを走って、二〜三〇メートル走った所で、一見どこかのおばちゃんらしき人達が手を上げて、止めてくれたのである。客を降したばかりで、これから、確実に一時間以上並ぶのを考えると、どんなに近くでもありがたい客である。

あとで理解したのであるが、女性漫才師I・Mとマネージャーだったのである。

前述のように、こんなタクシーの止め方は、非常にありがたいので、機嫌よく、

「ありがとうございます」

といったが、あまりしゃべらないので、無口な人たちだな、と頭の奥で思ったが、取り立てて、意識するほどではなかった。するとマネージャーらしき人が後へ回ったので、トランクだなと思い、無意識の内にトランクを開けていたのである。

大きな花束をトランクいっぱいにつんで、三人共乗るのかなと思ったが、二人しか乗ってこなかった。あまりしゃべらない人なので、こういう乗り方をしてくれるというのは、まず近場であるというのは、想像できるのだが、一人でも多くの人がそういう乗り方をしてくれるのは、少なくとも自分はありがたかったので、

「こんな乗り方は、どんな近場でもありがたいですよ」

と愛想がてら告げると、

「近くやと気の毒だから」

と返事が返ってきた。その時はただ単に、よく気がつくおばちゃんだという程度の認識であった。少し話をしている内に、どこかで聞いたことのある声だなと思い、バックミラーで覗くと、やはりI・Mであった。やせた方のIさんが、普通のおばちゃん以上に、

「近くで申し訳ないですが」

ということを必要以上に言うので分ったのである。

「ひょっとしたらI・Mさんですか？」

「ハイ、そうですが、本当に近くで悪いですね」

と何度も言うので、

「さっきも言ったように、こんな乗り方をしてくれたら、本当にありがたいので、気にしないで下さい」

「すみませんね、本当に近くで申し訳ないー」

とかなりの気の使いようである。コンビニで、Mの方が買物をしている間、同じ会社のOのことNのこと、などを話をしたが、コメントが出来ないようで、

「フーン」と言ったきりであった。

Kさんを送っておいて、Iさんが後でおりたが、確か一千三百円〜一千四百円くらいであったと思うが、二千円出して、

「少ないですが、とっといて下さい」

「いや、そんなに気を使わないで下さい」

「こんな近くで申し訳ないし、こんな少なくて悪いけど、取っといて下さい」

「ありがとうございます。じゃあ遠慮なしに、いただいておきます。ありがとうございました」

なんの変哲もない普通の会話だが、運転手を気持ちよくさせる、これはやはり人間性の問題であろうと思ったものである。

ある時、一時間以上、ホテルで客持ちをしていたが、今はほとんど漫才活動をしていないYとA、そして、もう一人の三人で乗って来た、その中の一人、元スポーツ系で映画にも出ているAは、(前夜からの酒が残っていたのであろうが、入ってくるやプーンとにおうくらい臭かったが)距離でいえば、三〜四百メートルくらいであるが、精算の時に、

「つりいらんわ」

といって千円札をポーンと投げて出ていったのを覚えているが、えらいちがいである。

しかし、彼女達が普段で見ると、そこらへんのおばちゃんそのものであったのは、少なからずおどろいた。

非常識な親と子(姉妹)のよっぱらい

ミナミ繁華街を流していると女性二人が地下の店から出てきて、階段を上がってきたのである。

これは乗車の可能性がある思い、少しバックして様子を見ようとした。すると男性が後からヒョコヒョコ上ってくるではないか。

これは十分可能性がある。乗るかどうか分からないが、ドアを開ける。すると女性の一人が、

「あっこれに乗ろう、これに」と後の一人を強引に促した。

(やった、これは男性も乗るかもしれない。男も乗れば近くでないかもしれない)。

「ありがとうございます。どうぞ、あの男性もご一緒ですか?」

「そうです、もう少し待ってね」

(しめた、勘が当った)。

「どうぞどうぞ待ってますから、構わないですよ」

「後一人は前に乗られますか」

「いいですよ後で」

男性を中に後部座席に乗り込んだ。

「どこらまでですかね」

男性が寝屋川までと告げる。

(よし、土曜日でひまやし、ラッキー)。

「はい。分かりました、ありがとうございます。ドア閉めますよ、いいですか」

といっていつものように後を振り向いて、ドアを閉める。この時いつも見ないもののように女性の足もとを見るのである。

女性が酔っている時はもろに、ナニが見えるのである。これはひそかな楽しみであり、役得であると思っている。ドアを閉めて、「高速で走りますか?」

男性が、

「ああそうして」（ますますラッキー、早く帰れるではないか）。

「ハイ分かりました」

しばらく黙って車を走らせている。

すると、どうも親子らしい。

「いいですね、親子で飲みに行くなんて、あまりないことですよ」

また、しばらくこともなげに車を走らせていると、突然女性が
「車止めて」

と言いだした（これはやばいことになった、無事に着けば良いが）。

「今すぐは無理やから一、二分待って下さい、止めますから」

と早く止められる所を探しつつ、走らせていると、

「少し落ちついたから、いいですよ」

「本当に良いんですか？」

「ゆっくり走りましょうか」

と言って、ビニール袋を探し出して、

「これを持っといて、使って下さい」

内心ひやひやものでゆっくりと走らせる。

バックミラーで後ろを気にしながら、

「大丈夫ですか？　止めるんやったら言って下さいね」

「ありがとう」

するとその後一分か二分、

「車止めて」、（そら来た）

「あそこで止めますから、あと五〜十秒待って下さい」

止めるやいなや、彼女は脱兎のごとく、ドアを開けて、走りだした。二人とも飛び出て、介抱している。私も出たが家族がいるのだから、何もしてあげることはない。

内心、心配になって、後部ドアを開けると、案の定、座席には、ゲロを吐いた痕跡があるではないか。

(やられた、どうしよう、ちくしょう、あれだけ言っているのに、まいったなあ)。

どうすれば良いか迷ったが、こんな所で水も無いし、どうしようもない。

とりあえず、トランクから、タオルを取り出して、拭きはじめたが、とにかく気持ちが悪い。もう一枚タオルを出して来て、焼け石に水であろうが、座席に敷いた。何もしないよりましである。気分的に悪い思いをしながら走らせたが、男性が、

「この子を先に送るから回ってくれるか？」

「ハイ、分かりました」

到着して二人がマンションの中に消えた。こんな客の場合は、猫ババをする心配はないが、とにかく後部座席を何とかしなくてはいけない。男性が帰ってきた。ここで水を借り

てそこを洗い流し、少しは何んとかしておかなければ、このまま営業できるものではない。

「水はないですか？　これを何とかしておかないと。あれだけ言ってビニール袋も渡してあるんやから。営業できませんやん」

「そんな事、知るか、いちゃもんつけるのか」

ときた。

その一言を聞いた途端もうとにかく、頭がぶっ切れた。

「冗談やおませんで、言うに事かいて、知るかとは何事ですか、あなたも紳士ぜんとしてるんやから、もう少し、相手のこと考えて、言い方に気をつけないとあかんのとちがいますか？」

「何お前、喧嘩売っとんのか？　待っとくのか、待ってないんやったら帰えれ」

こうなると私も男の子、後には引けない。

「何が喧嘩売ってるんですか、当然のことを言ったまででしょう。言うに事欠いて帰れとは何ですか。私の仕事はまだ、これから、朝まで五時間以上あるんですよ。後に乗る人に迷惑がかかるし、また乗っても臭くて逃げますがな。営業出来るものではない!!」

とこうしている間にもう一人の女性が帰って来て、

「どうしたの」

「こいつが生意気なこと言うて、営業出来ない、どうしてくれると言ってる」

(何ぬかしとんねん。いつどうしてくれるなんか言った)。

「私は水を用意してくれますかと言ったんです」

「水ですか、すぐ用意します」

そこでも、私としては収まりがつかない。

「でも、あまりにも失礼な言いかたじゃないですか」

とやんわりと喧嘩にならないように語りかけた。すると相手も少し落ちついたらしく、

「そうやな。自分も少し大人げなかったな、もう少し待っててくれるか」

「初めからそう言ってくれれば、私のほうも、事を荒立てるつもりはありませんわ」

そして、娘がタオルを水にひたして持って来た。そこで出来るだけの処理をして、まと

もな娘を先におろし、悪しきまねをしてくれた娘を乗せて先を急いだのである。とりあえず娘を降して、

「さっきの所まで帰ってくれるか」

と言うので私自身はどこでも送ればいいのだから、そうですかと戻った。すると父親は着いたマンションの下から娘に金を持ってこいと電話しているのである。私はここで何とか言っておかないと機会をのがすので、

「でもお客さん、これでは私も仕事になりませんよ」

と言うと、少し落ちついたかに見えたが、

「どうせえというんや」

「このシートカバーの洗濯もしなきゃいけないし、洗濯すると言ってもタダじゃないんですよ。それに車庫に帰ってシートカバーの交換をしなければならないし、仕事にも何にもならないんですよ」

「洗濯代出せばいいのか？　幾らや、なんぼ出せというんや」

ここで、むっときたが、少し押さえないといけないと思い、

「そうですね、洗濯だけを考えたら千円か二千円もあればよいでしょうが、この後仕事も出来ないし、私から幾らとは、いいませんので、お客さんの気持しだいですわ」

「こんな洗濯、五百円もあれば上等やないか。恐喝する気か」

この言葉には私も瞬間湯沸かし器になってしまった。

「なに!! 言うに事かいて、恐喝とは何事か、恐喝とは。誰が恐喝したんや。いくら客でも言っていいことと悪いことがあるんや。バカもの」

「このシートカバーを取り換えるのは誰がするんや。あんたがするんかい。やれや、わしは見とく、誰が好き好んで、他人のゲロをきれいにするんや。たいがいにせえ」

そこへ娘が降りて来て、

「どうしたの」

「とにかく料金が足らんから払ってくれ」

「お幾らですか」

「一万二千円です」

「それと洗濯代五百円払うとけ」

「何ぬかしやがんねん。子供やないぞ、何が五百円や、五百円みたいな金いらんわい。この非常識。お前に五百円やるから、わしの車をきれいにしてくれるんかい。警察へ行こや、ゲロ吐いて、五百円出してきれいにせえ言うとる。お前がどうしたら良いのかと言ってきたから、お客さんの気持ち次第です。と言っただけや。誰が恐喝した。名誉棄損で訴えるぞ、バカモノ、アホ」

聞いていた娘が、

「お幾ら出せばいいんでしょうか」

「こんなやつの金いらん。わしは正規の料金もらったらええ。あんたも娘やったらこのバカ親父にこんなこと言わしといたら、恥ずかしいのと違いますか。ゲロ吐いといて五百円やと、恐喝やと、ふざけるな、バカ親父」

ドアを閉め、さっさと出ていった。

くそおもしろくない。さっそく車中で会社の当直に話すと、

「そうか、それが本当なら、あんたの気持ちも分かる。そのくらい言ってもかまわん。もし電話がかかってきても、きちんと話はしてやる。でも、アホやな。チャンと話をして五千円でも一万円でも取ったらんかいな。アホやな、それの方がええやないか。三千が五千円であってもそんなもの問題になることはない。また、そんな非常識なこと言うやつに限って電話なんか、掛かってこん。心配せんとき」

二月初めの寒い中を窓を全べて全開にして帰路につく。車庫に帰り、シートカバーを替え、出発するころは、すでに三時であった。私は夜に強いので、普段ならもう少し流して仕事をするので売上げは伸び、朝は、ターミナルに入ってお客を乗せて終わりにするのが日課だが、その日はターミナルで朝五時前から並んで、六時過ぎの一メーターの客を乗せて終わった（何んとかしてくれの気分である）。

結局、事務所にも近代化センターにも電話はなかった。

ヤバイ客退治法

夜六時頃、ナンバ駅の近くから西成警察へという、一寸見風来坊的な感じのおっさんが乗って来た。こういう時は普段よりよけいに注意しなければならないとバックの足もとを確認してドアを閉めたが、何と途中で閉まらないのである。

如何せんバックを見ながらドアを閉めるのは非常にむずかしいのである。安全を確認すると

「痛たたた。何をあわてて閉めとんのや、まだ乗ってへんやないか」

(いや確かにバックを見た時には両足はちゃんと揃っていた。こいつヤバイ奴やないか。しかし、頭から、お前これが目的やろと、直感で言ったら、まずいことになるかもしれない)。

「あっすいません、今ちゃんと、後を振り向いて閉めたはずなんですが」

「それが現実にはちゃんと乗ってないのに閉めとるやないか。ああ痛い」

「えらいすいません、大丈夫ですか？」

「ああ、ちょっと痛いけど大丈夫や、早よ行きーな」

「本当に大丈夫ですか、それじゃ行きますが、どういうように行きましょうか？」

「どうでもええわ」

しばらく行ってると、

「痛いなあ、そやけど運ちゃん、客の足つめたら、警察行かなあかんし、下手したら免許も取られるし、時間は取られるし大変やな」

（おっと、来たな、これはヤバイかな。あの時にきつく出た方が良かったかな）。

「そうですね、そうなったら大変ですよね。お客さん大丈夫で良かったですわ」

しばらくだまって進行する。

「やっぱり痛いな」

「大丈夫ですか？」

「痛いわ、これで病院いったら、診察代と警察と大変やな」

(こいつ、同じ事二回も言いやがって、やっぱり狙っとんのやな)。

「本当ですね」

「運ちゃん、ワシ病院に行くから、病院代くらい出しときや」

「ああ、そうしたら、警察に届け出しといて、病院に行きましょ」

「警察も、エエけど先に病院行ってからの話やな。それよりも病院代出しときや」

(これは弱気になったらいかん。ちょっとガツンと言っとこう)。

「とにかく警察に行きましょう。病院代の何のというようなことになったら、ボクだけの問題やないから、この足で警察に行きましょう」

「お前、病院代くらいで済んだら安いもんやと思うけどな」

「何言うてまんのや、こんな事は、警察に行かなあきませんのや。今からUターンして行きますから」

「もうエエわ、ここで用事思い出したから、ここで降るわ」

「そんなに時間かかりませんがな。すぐそこやし」

「もうエエわ。友達がそこで待ってるから、急いでるし」

「お客さん、病院に行くのと違いますのか？　警察行って、病院まで送りますがな」

「もうエエ、言うてるやろ。友達が待っとのや、もう時間がない」

「そうですか、そんなに時間おませんか、後でどうのこうの言って来たらあきませんで、お名前なんていいまんのや、聞いときましょうか？」

「友達が待ってる。名前なんか言わんでエエわ」

「もう一回言っときますよ。どうのこうの言うてきたらあきませんで、顔も覚えとくからとにかく警察に届けときますわ。分かった？」

「とにかく、この初乗りの料金は、ボクが出しときますわ」

「ああそうして」

とそそくさと逃げるようにして、飛び出したのである。

シャブリ

いわゆる、タクシー業界では〝シャブリ〟、こういうことばがある。

私はタクシー業界に居ても、業界の事はあまり知らない方であるが、〝シャブリ〟という言葉は知っている。私の解釈では、甘いものをシャブリつくす、という意味ではないかと思う。他所の事は知らないが、大阪では、北とミナミと各々活躍している。

繁華街の出入口の所で車内から出て待機し、遠距離のしかも効率よく高速で行き、すぐに帰ってこれる上客に声をかけて、選んで、仕事をする。タクシーというのは時間の仕事でもある。考えてみてもらいたい。

短距離の客をいくら数多く乗せても、一回遠距離をいけば一回で十分に採算がとれるのである。

例えば、二千円の客を乗せて、往復するとする。(ちなみに最近不景気であるし、目的

地に着いて、帰ってくるまでに客を乗せることなど、めったにないのが昨今である）
　とくに近場の場合、高速には乗らないので、速度は遅い、信号に引っかかる、ということになる。二千円の客を乗せるのに往復、早くても四十分はかかるであろう。それからまた客を探し回るか、客待ちでのタクシー乗場に並ぶとする。そうすると一時間は覚悟しなければならない。二千円であれば良いが、一メーターの場合でも往復を見れば、十五分位はかかるのである。最悪の場合、それから一時間くらいはかかるのである。動き回って走っている車は、まだ良いかもしれない。走っていれば、何んだかんだといっても乗せる可能性は高くなる。二千円を乗せて次の客を乗せるまで二時間近くかかるのである。二時間かかって二千円。夜だけを考えると客の乗りそうな時間帯は、最近は電車があればそれで帰るので、十一時からといえば良いのかもしれないが、実際は、十二時くらいであろうと思う。十二時から二時半くらいまで、この二時間半から三時間というのが仕事の時間であると考えられる。とすれば二千円の客を三回乗せればもう時間切れとなることもある。すると一万円の客を一回乗せても、高速を往復使うのだから、早ければ一時間から、一時間半くらいで元の位置にもどれるのだ。

彼らは客を選ぶのだから、十一時過ぎくらいから四時くらいまで営業として見れるのである。シャブレばどんなに違いが出てくるか一目瞭然である。

御存知の通り、客を選ぶ事は法律違反であるし、車内から出て声をかけることもタクシー業法にてらせば、違反なのである。この一目瞭然の売上げをするならば皆が、上客の出て来そうな所にタクシーを付けておけば可能性が高い。(実際、彼らは良く知っていてその場所には上客がよく出てくるのである)もし、他のタクシーがそこに付けたとすると、出て行けとばかりクラクションを鳴らすのである。

それでも出ない場合、その仲間と共に出て行くように強要する。それでもだめなら、待機している恐いお兄ちゃんが出てくるのである。こういう恐いお兄ちゃんたちはボランティアでやっているのではない。

そこの所をよく考えてもらいたい。そこで客に声をかけて、近くの場合は、真面目に流しているタクシーをいかにも親切そうに手を上げて止めてやるのである。

何も知らない利用者は、ボランティアかと思っていたという人も多いのである。

北新地などで、このような行為、いわゆる〝シャブリ〟の摘発をしてその度ごとに数名を逮捕しているが、北もミナミも二〜三日もすると一車線〜二車線を我が物顔で占領しているのである。こういう悪い、こずるいことをする者は、私は嫌いである。

確かに一万円クラスを一晩に三、四回くらい行ければ、うらやましいと思ってはいるが、そこまでして仕事をしたくはない。

私は彼等が乗客を従えて、わざとらしく手を上げて、止めようとしても車を止めない方が多い。大体お客を見れば上客かそうでないかの区別はつくものであるが、乗客が直接止めてくる場合は、遠近は度外視して乗せるのである。そこで私は声を大にしてお願いしたいのである。〝シャブリ〟を利用する人がいるから、彼等が無くならない。〝シャブリ〟がいるから利用者がいる。イタチごっこかもしれないが、最近は利用者も何が良いか悪いか判断することが、必要な時代であると思う、今日この頃である。

人は見かけによらぬもの

終電は確実になくなっていた。

私は心斎橋の辺りを出来るだけ、ゆっくりと流していた。すると右前方に男性が一人、二人と、地下のお店から上ってくるのが見えた。後続車を見ると少し長めに続いている。

(これは乗るだろう)。

と思い、じっと顔を見て、止まってみると、やはり、私を見て手を上げてくれた。こういう自分のカンが見事的中した時はとにかくうれしいものだ。

ところがなかなか仲間が出てこないのである。後続のタクシーが、大人しく待っていてくれている。が、これ以上待たせる訳にいかない。迷っていると、乗客がちょっと側によって待ってくれるか、と合図をしてくれた。これでほっとする。なぜかというと、約束しないで、ほんの少しでも離れて待っていると、客というのは、とかく勝手なものだから、その時、来た車に何のためらいもなく、乗ってしまうことが多いのだ。

とにかくある程度安心して、タバコを吸う余裕を持って待っていることが出来た。

ところが仲間を呼びに行った客は地下の店に入ったきりなかなか出て来ない。一〇分近く待ったろうか。何とか私の車を覚えてくれていて、乗ろうとしてくれたが、何と五人乗ろうとするではないか。さて困ったと思いながら、恐る恐る、

「五人ですか？」

と聞くと、一番偉そうな人が、一人だけぽつんと、乗ろうとしない人に向って
「お前どうするんや」

と聞くと、

「私は別に帰ります」

と言うではないか、ほっとしていると、偉そうな人が財布から一万円札を出して、

「そうか、これで帰れ、どっかに行くのか？」

「いいえ真っ直ぐ帰ります。本当にいいんですか、失礼します」

ということだったので、内心ほっとして、

「どちらまで、行かれますか？」

と聞くと、そこそこ距離の場所を告げるではないか。

（やった、待ってて良かった）。

道中他の三人がやたらと、その偉そうな人に、使い過ぎるくらいに気を使っているのである。しかも、三人とも茶髪の若い人である。

（あれ!!　ひょっとしたらやばい人かな）。

とつおいつ考えながら走っていると、

「阪神高速に乗って下さい」

と、案に相違して物腰がやわらかい。

高速に乗るが、なかなか、行く先を指示してくれない。堪り兼ねて聞くと、

「指示しますからどんどん行ってください」

という。しかたがないのでそのまま行くが、とうとう高速の分岐点まで来たので聞くと、

「阪和道に乗って下さい」

(あれ、行く先と違うけどいいのかな)。

と少し心配になってきた。

しかも、偉そうな人に対して、普通の気の使い方ではない。やばそうな人達がよく見せる、あの気の使い方である。そうこうしながら、目的地に着いたが、降りるという雰囲気がないのである。

「ここと違うんですか?」

「ここなんですけど、寝てはるので少し待ってください」

「ハア、いいですけど」

と答えるが、一〇分以上待っても、起こす気配がないのである。偉そうな人はとうに寝ているが、他の三人も寝てるような雰囲気もある。とうとうしびれを切らして
「もう一〇分以上になりますし、今やったら、帰っても仕事が出来ますので」

「ああそうですね、すいません、もう少し待って下さい」

と言って数分、起こすでもなく、隣で寝息まで立てているではないか。このまま夜が明けてしまうのではないかとの不安さえ覚えてくる。

とにかく、また声をかけると、意を決したように、三人で相談しているのである。それはなんと誰が彼を起こすかと話しているのである。

と、偉そうな人の足を抱えている人が、

「社長、家に着きましたので起きて下さい」

と数回起こすがなかなか起きないの

であるが、足番の人が、

「社長、靴下を履かさせてもらいます。起きて下さい」

と、靴下、靴と履かせているのである(何という、エゲツない人なのだ)。

しばらくして声をかけていると、初めて、

「まだ待っとけ」

とだけ言ってまだ寝ている。

私としてはあんまり虫のよい人なので、きつく言おうと思ったが、自分が可愛いので、何も言わずに、じっとがまんの子である。

やっとのことで、起こしたが、金も払わずに、四人とも降りてしまうではないか。

(何だこれは、金を置いていけ)

やはりがまんの子であった。しばらくして、三人が帰ってきて、溜め息交じりに、さあ、そこを左に曲って行って一人降りるとのこと。

少し不安が解消された。一人が降りて、

「ここからどこへ行くのですか？」と聞くと、何と、

「大阪へ帰って下さい。カードは利きますか？」

あろうことか、往復ではないか。こんな事は本当に久しぶりである。人間とは現金なものである。先程までの気分の悪さは、どこかにふっとんで、

「ありがとうございます。カード大丈夫ですよ」

大阪の中心で一人降して、最終、大阪市内のはずれの方である。

(二万七、八千円にゆうに行くではないか、ラッキー)

ところが精算しようと、何度もカードを通してみるが、何の反応もないのである。汗をかきながら、一〇分近く試して見たが、らちがあかない。しかたなく、会社に聞いて試すが、やはりだめである。表は、皆さんが誰でも知っているカードなのだ。

期限切れでもなさそうである。何の気なしに裏を見ると、サラ金の名前が書いてあるではないか。それを会社に問い合わせると、用をなさないカードだとのこと、これは偉いことになったと内心おどおどしながら、そのことを会社に告げる。当然である。数千円なら

いざしらず、二万七千円弱の大金であるし、よく考えると給料日前日である。普通であれば現金をもっているはずがない。

困ってしまい途方に暮れていると、

「しかたないね。現金で払うわ」

これこそ本当にラッキーである。ごてられてもしかたがないかとあきらめていたのだ。やはり人間とは外だけで判断してはいけない見本だなと思う今日この頃であった。

すんでの所で交通刑務所入り

その日は雨が降るでもなく、降らないでもなく、何となく中途半端な天気の日であった。そこそこの中長距離の乗客を送っての帰り道、左の歩道に、ふっと目をやると、進行方向に向って歩いている若者がいた。十一時過ぎにこんな所を歩いている人というのは、ひょっとすると、乗るかもしれないと思い、通り過ぎる間際にその若者を見て振り返った。その時に後方確認をしたが、何も問題は無かった。するとちょうど目と目が合い、手を上げて、走って来たので、これは勘が当たったとほくそ笑んで止まろうとした。

しかし、完全にバックを見たわけでもないので、急に止まるとまずいと思い、ゆっくりと止まりはじめて、最後にハンドル半分くらい切って止まる寸前、突然前の方でドカンと音がした。一瞬何が起こったのか全く分からない。よく見ると単車が倒れて、その単車の後部車輪が私の車のフェンダーミラーを壊して、乗っかっているのである。乗客であれば乗ってほしいが、そんなものが乗ってくれても、うれしくも何んともない。しかし良くみると車の横で人がたおれている。最初は当てたのだと瞬時に判断して車から飛び出し、とりあえず倒れているので、あやまったが方が良いと思い、

「すいません、大丈夫ですか？」

と相手を気づかった。そして、救急車を呼び、やじ馬が数人出て来て、ワイワイ言っている。しかし、どう考えて見ても、当てたという感覚がないのである。とっさのことで謝ったものの、確かに当てていない。そこで落ち着いた時を見計らって、

「私、当てました？」

と恐る恐る聞くとやじ馬が、

「そんな事言っている場合じゃないだろう。人が倒れているのだ」

しかし、ここは大事なことである。そのやじ馬に、

「冗談やない、当てたのと、当ててないのでは訳がちがう。私の立場にもなって見て下さい」

と言うと、相手方は落ち着いて見ているせいもあって、

「それもそうだね」

この状況を考えると、どうもおかしい。なぜ、後輪が私の車のフェンダーミラーに乗っているのか理解が出来なかったのである。運転していると当てたかどうかというのはとかく察しがつくものである。単車の人はというと、歩道の植込みに飛び込んで倒れている。しかも、当てたのであれば、こんな怪我ですむはずがない。

どういうことなのか必死になって状況判断をする。それでの結論は当てていないのである。私がゆっくりと止まりはじめて、最後にハンドルを半分だけ切った程度である。そこで単車は、自分で歩道の縁石に当てて、植込みに飛び込んだのである。

縁石に前輪がぶつかった拍子に後輪が持ち上がり、乗っかったのだという結論に達し、聞いてみるとそうだとのこと、そこでずい分安心したのであった。そこで、突っ込んで確かめておけばよかったのだが、私が顔を近づけると、向こうを向くのである。

後で後悔したが、はじまらない。ひょっとすると、随分酒が入っていたのかもしれない。

（後で、本当に後悔しました）

現場検証するが、とにかく当てていなくても、車の方が悪くなるのだとのこと、日本の慣例で何を言っても仕方のないことなのだ。

結果は罰金刑である。簡易裁判で、判事に事故、再現報告といえばいいのか、いろいろと話すが、その時に過去のあったこと、子供の貯めている一円玉、五円玉まで使って生活の足しにしている、現状の大変さなどを話した。それが効を奏したのか、判事が、

「こういう事件では最も安い金額を提示しますので、払って下さい」

とのことだった。今すぐは払えない旨を話したが、納金は、その係が居るのでその時に釈明するようにとのことで、その時を待って、釈明に行った。収納係が、

「こういうものは、本当は現金即決なんですが、色々あったんでしょうから、二カ月だけは待ってあげましょう」

と言ってくれたので、何とかしなければいけないと思い悩みながら帰路に着いた。

普通では払えないのであるが、その時降って湧いたように、知人の持って来たアルバイ

トが、成立するかもしれないという時に当たったのである。再度もう少し待ってもらえるように収納係に頼みに行った。そして、待ってくれるとの事だったので少し、ほっとしたものである。

しかし、知人の持ってきたアルバイトが成立し、一〇〇万円近くの大金が支払い期日がきて、いくら待っても連絡がこない。手紙を書いて、大変な状況下にあると訴えたが一向に連絡がない。そこで再度、収納係に頼みに行った。すると、

「そんなに払うのが大変であれば、身体で払いますか？　交通刑務所に行けば、日当をくれるので、払えるまで入っていたら？」

それは初めに聞いてはいたが、現実に交通刑務所のことを想像すると愕然となった。

「あなたたちは苦労した事もないのでしょう。他人事だから簡単にそんな事が云えるのです。そこに入ってしまうと、前科者になるのでしょ。私は善良なる一小市民ですよ。そんな事、恐ろしくて考えられませんよ」

しかし、どう転んでも払えないので、とにかくもう少しだけ待ってもらえる事になった。そこで決死の思いでその友人に、刑務所に行くような事になると再度手紙を出すと、やっとのことで振り込んでくれたのである。すんでの所で、刑務所送りになって、「身体」で払わされる所であった。

げんこつ

この話は十年以上前に私の同僚が体験した話である。

その当時、彼は三十五～六歳、妻子持ちであった。

車を流していると、歳の頃二十二～三歳の女性が素足で走って来て、姫路の先まで行ってほしいと、息せき切って乗り込んできた。車に乗ってからも、何度も後をふり返り、恐い恐いと連発して脅えている。訳を聞くと、逃げているのだと言う。さらに詳しく事情を聞くと、家出してきて、大阪駅でよからぬ連中から声をかけられたという。その連中からどこかのマンション二階に今まで閉じ込められていて、連中の隙を見て、窓から飛び降り逃げてきた、とのことであった。その時、彼は当然のようにピーンと来て、これはひどい目に会ったのだろうと察した。とにかく姫路といえば長距離もいいとこである。内心ほくそえみながらも、心配そうに連絡場所を聞いて、両親に電話したが、両親は、

「うちにはそんな娘はいない」

とつれない返事が返ってくる。おばあちゃんがいるというので、おばあちゃんに代わってもらうと、そのおばあちゃんは自分の孫だと言う。

そこで話が通じて、着払いで連れて帰ってほしいというので、安心して長距離を走った。

それにしても、両親は知らないといい、おばあちゃんは孫だという。これはどういうことだろうと考えていたが、どうも両親から勘当されているのではないかと考えられた。

「いい若い娘さんが、家出なんかするもんやないよ」

と柄にもなく、人生相談をしながら、おばあちゃんの姫路についたらお礼を差し上げるという言葉を思い出し、ウキウキした気分をこらえるのに苦労した。

家に着いたのは夜中の四時を過ぎた頃である。

今から帰ってもちょうどいい時間になるし、いい仕事をしたと思いつつ、娘さんを連れて、おばあちゃんに会うと、りっぱな、寿司は出てくるは、酒は出るは、風呂は沸かしてくれる。まさに、いたれりつくせりである。ところが、両親はといえば、ただ頭を下げるだけであった。

　とにかくおばあちゃんは、喜んでくれて、

「泊まっていって下さい」

「そんな事出来ませんわ、仕事もあるし」

「いや、タクシーの料金やその他の雑費は全部めんどうみさせてもらうので、ぜひ泊まって行って下さい」

　そうなると、少し、いや少しではない、多少、いやずい分、色気が出てきて、その気になってくるのである。

　酒もよばれながら色々と話をしていると、おばあちゃんが、

「独身ですか？」

と尋ねてくるので、妻帯者だと告げるが、そんなことはどこ吹く風とその話を続けてくるのである。

　八十過ぎのおばあちゃんであるが、まだ財産の権限は自分にある。遺言書にも書いても

構わないというのである。

「実は、ぶどう畑と山を持っているので、孫と一緒になってくれませんか？」

田舎の八十過ぎのおばあちゃんである。孫が二週間以上も家出して、その間の事情はうすうす察知し、孫はキズモノになっているであろうこと、そしてこれが少し問題なのだが、一寸、ノイローゼのような感じなのであろうかということなどを考えたあげくの選択だったのであろう。

そこで彼はさらに色気が出てきた。会社に連絡し、一日、二日くらい休む旨を報告した。当然であるが、会社は、バカな事をいわずに車をもって早く帰ってくるようにと、捲し立てる。

「いや、売上げの面倒は見てくれると言っているし、実はこういう良い話があるので」

と、ここはちょっとやそっとでは引き下がれないと、ほぞを固めたのであった。彼がほんの少しではあるが農業の経験もあるし、ある一点だけを除けば悪い話ではないかなと思い致るようになる。結局二日ほど泊まって、運賃はもらうは、その間の売上げは補償してもらうは、二日間孫娘の身を挺したサービスを受けるはで、この世の春を謳歌したのである。こういうことを、関西のタクシー業界では「げんこつ」と表現するらしい。

なぜ「げんこつ」かというと、普通、運賃の半分は会社、後の半分は運転手の取り分である。そこで客と話を合わせて、メーターをかけないで走るのである。そうするといくら走ろうが、客と決めた金額全部をにぎれるのである。ここで〝げんこつ〟という言葉が誕生したらしいとのことである。結局、

「二〜三日考えさせて下さい」

と言って帰って来たのである。

彼は相手に何の連絡もせず、梨のつぶてにしているらしい。姫路の家出娘のおばあちゃんはどう思っているのだろうか？　それにしても彼の方はまさに「げんこつ」ではないか。

今になってみると、彼は逃がした魚は大きいと思っているのかどうか、それは分からないが、真実は、いまだに妻子持ちのままである。

凍結事故

ある二月の寒い夜のことである。大阪の中心より南の方角、まあそこそこ遠い部類の客であった。

その少し前雪が降っていたので、十分に注意をはらって、運転していた。

とにかく、客を乗せた以上は、いつかどこかで客を降ろし、料金の支払いをうけ、帰路につくのであるが、とにかく私は方向音痴である。分岐点を間違わないように、標識を見ながら、キョロキョロと運転していた。分岐点に来たが、本当にこっちの方で良いのか、まだ少し、不安感がある。

それでも客に指示された通りに来ているのではないかと思っているが、まったく知らない所に来た時は、半分くらいの割合いで、まともに帰れないのである。

しっかりと教えられても違った方向に行ってしまっていることもある。

そんな状態だからいつも戦戦恐恐と運転しているのである。すると、国道なのか府道なのか分からないが、陸橋にさしかかる。雪はやんでいるし、道路はといえば、ごく普通に近いくらい、正常である。夜中のことだから、制限時速は少し越していたのかもしれない。(良いカッコウをしてはいけない、二〇キロは越していたと思う)

陸橋の下から頂上までは百メートルくらいはあったと思うが、陸橋の真中でジョイントがあった。

プロでありながら、ジョイントの手前と、先とでは道路状況が全く違うことがあるのである。ジョイントの手前までごく普通に来たが、頂上の向うでハザードランプを点滅させている車輛が両車線をふさいでいる。

一瞬、

「ああこれは清掃車か工事車がゆっくりと走っているのかな」

と直感した。

そこで右車線の車輛の方が、少しは、遠くの方にあるように思われたので、

「ま、ゆっくり右車線に変わるか」

と道行法に照らし合わせて、車線変更をしはじめた時、ジョイントの手前と先とは全く違うと書いたが、本当に違っていた。向うは、凍って、光っているではないか。とっさに
「あ、まずいかもしれない」

それでも止まれる自信は、十分に持っていたので、ブレーキをかけた。

その時は、ハザードの車まで、十分に六〜七〇メートルくらいはあったので、そんなに心配はしていなかった。ところがどうであろう、ジョイントにかかったとたん、ツルンと滑ったのである。

途端に、今の状況を把握した。

とにかく、車を止めなければいけない。

ブレーキを踏めども踏めども、スピードが弱まる感じではない。回転の鈍い、私の頭脳が両手に命令をあたえる。〝両壁に車をぶつけろ〟となると両手は従順である。指示通りに右にハンドルを切る、その時に確か、右肘を痛打したように思うが、今でも右の肘が痛

い。とにかく右壁に車がぶつかったが、スピードは弱まらない。これでは前の車に確実にぶつかるであろう。右にぶつかったものだから、その勢いで、今度は意に反して左車線に突っ込んで、とうとうぶつかってしまう。これはあまり、ハンドルを動かしても、もうどうにもならない。この勢いでぶつかると死んでしまう。もう〝だめだ〟と観念して、ブレーキを踏み続けるが、もう、こうなると世の中、勢いというのは止まらない。この左壁にぶつかってから、左車線のトレーラーみたいな大きな車にぶつかるまで、二秒、三秒もなかったのではないかと思う。ちなみに右車線の車にぶつかっていたら、軽自動車なので、相手の車は大変なことになっていたらしいということは警察から聞いた。とにかく二〜三秒くらいの間に走馬灯のように過去の様々な事、子供たちのそれぞれの顔、以前に死のうと思い山に登って子供の言葉で目がさめた事、母親の顔等々、本当に自分の頭がこんなに早く回転するのかと思うくらいに、湧き出てきたのであった。

後で聞くと、前のトレーラーと右の軽は、その前でスリップ事故を起している車を見ていたのだとのこと。ともあれ、私の車はグチャグチャ大破である。ところが、私は右肘は痛いが、他は何ひとつ怪我は無く無傷であった。これはまさに奇跡といっても過言ではない。というのは、右に左に車がぶつかったので、スピードは落ちていないと思っていたが、実はそのために、かなり勢いは削減されていたのではないかと思っている。とりあえず、前の車に、謝りに行かなければならない。ドアを開けようとしたが、当然のように開かない。

しかたなしに窓から出て、トレーラーかトラックか忘れたが、相手は蚊にでも刺されたかのように、泰然自若、びくともしていない。相手の運転手は外に出ていたので、すぐに来て、最初は〝ああああ〟と言っていたが、全くといっていいほど傷痕がないのである。

「こんなもの、もうええわ。替えることも何もすることないわ」

ラッキーだったのか、どうなのか分からないが、我が愛車は廃車であろうことは間違いない。

会社にどう説明するか頭が痛い。とにかく、寒いけれどケイサツが来るまで外でまつとするか。

心まで貧乏なタレントの話

どこから乗せたのか、今は定かではないが確か二時か三時頃であったと記憶している。その客は野球帽をま深かにかぶり、見るからにみすぼらしい身なりをしたぼそぼそとした話し方をする、見るからに気弱そうな感じの男だった。料金は確か二千円前後だったと思うが、乗車してきた彼は、

「玉出の方に行って」

とボソと言った。

「ハイ、分かりました」

（いつもの様にドア閉めて足元は大丈夫かと、後ろを振り向き顔を見ると、確かにどこかで見た顔である。でもはっきりとは分からない。胸の中がもやもやして、まことに気持ち悪い。でも確かにどこかで見た顔である。ひょっとすると友人か知人、親兄弟かな、と思

ったがそんなわけがない。

バックミラー越しにチラチラと覗いていると、ま深に帽子をかぶり、座席にだらしなくもたれかかっている。必死に思い出そうとして、バックミラー越しに見ていると、やっとのことで思い出すことができた。そうだ!! Kだ。

見るからに見すぼらしい、気弱そうに話をする。そうだ確にKだ。

「失礼ですけど、Kさんですか?」

「分かる?」

「ああ分かりますよ」

「ああ、Kさんは、こっちの方ですか?」

「そうですねん、玉出の手前ですけどねっ」

「あ、そうですか、ハイ、分かりました。」

「でも、私タクシーに乗ってあまり経っていないので、芸能人を乗せたのは、Kさんが初めてですわ」

「ああそうですか？」

また、黙って座席に倒れ込むようにして、座っている。その頃は、芸能人を乗せるのは初めてなので、何か、うきうきした気分で、選ばれた人間のような気がしてくるのが、不思議である。何かを話したいが、こんなに陰気では話のきっかけがない。でも、もっと有名人で大物を乗せられないものか、何かさみしい気がしたのは、自分でも何か、下びた人間のように思ったのである。

「ここら辺ですか？」

「ああ、こうこう行って」

雰囲気で、もう間近であるのは、察しがついた。

すると、突然、

「運転手さん」

（運ちゃんではない。前にも書いたが、運ちゃんと言われるのはどうにもがまんが出来ない）。

「運転手さん。わし金あんまり持ってへんねん。ちょっことまけといてくれへん？」

(こいつアホかいくら貧乏を売りものにしても、それはないやろ)。

「何にいうてまんねん、貧乏は私ですわ。こんなしがない、運転手相手に、芸能人が二千円くらいでまけといては無いでしょう」

「あきまへんかな」

「そらそうですがな、芸能人やったら、釣はいらんわ言うて腹の大きい所見せてもええくらいやのに、まけてはおまへんやろ」

「どうしてもまけ言うんやったら、投書しまっせ」

「ほなええわ」

一応ダメ元の気持ちで言ってみただけかもしれないが、彼のさもしい根性が見え見えで何かさびしい気持ちで帰路についた。

とぼけたお客

ミナミの近く、若い人が手を上げる。

四時頃である。この時間帯であるから客も相当自信を持って手を上げているようである。実際この時間帯では、そうそう客なんてあるものではない。

「運転手さん、能勢まで、なんぼで行ってくれる?」

運転手としては、あまり好ましくないが、この時間帯を考えると、そこそこの水揚げになるし、行って帰ってくれば、ターミナルに入って最後の客も見込める。

「なんぼでと言ったって、幾らで行けって言いはりますねん」

「七千円で行ってくれる?」

「エッ七千円? 高速代はどうなりますねん」

「当然、込みやで、嫌やったら、エエよ。この時間やったら、行ってくれるタクシーなんかなんぼでもあるんやから、どう？」

少し考えてみたが、高速代抜いて、六千三百円。確かに魅力的である。

「高速代別に出してくれませんか？」

「それやったらエエわ。七〇〇〇円以上ビタ一文出せへんから、今、足も痛いし、早く決めて」

「分かりました。行きましょう。」

何か積極的に話しかけてくる。あまり覚えていないが、草野球をやっていて、足をくじいたようなことを言っていたような気がする。

「木部《きべ》を降りてズーと真っ直ぐ行って」

(う～ん？　第一だったか第二だったか、とにかく先の方である。木部を降りて、ずーと真っ直ぐに行け？　決めてしまったからしかたないが、オイオイ、勘弁してくれよ)。

何んやかやとよくしゃべる男である。

こちらは、どこまで行くねん、能勢は過ぎとるやないかと、内心びくびくしながら運転しているので、うわの空で話を聞いていた。

「まだ先ですか？」

「うん、まだまだ、気にせんとどんどん行って」

（あほ、気にするわ、どこまで連れていくつもりやねん）。

実は、私は方向音痴である。

一般人を入れても平均並にもいかないくらいの方向音痴である。これには、かなり自信を持っている。

（こんなことに自信持つやつがあるか。お前はプロやろ）。

こんな所は来たことがない。

「お客さん、まだ行きまんのか、相当走ってまっせ。もう能勢は過ぎましたで」

「エエから、エエから、気にせんとまだまだ行って」

（このアホ気楽に言うな、もう一万円くらいは越えとるぞ）。

「でも、能勢は能勢やで」

「ああそうですか、もう決めてしまったから、文句は言うつもりないけど、ゆうに一万円は越えまっせ」

（文句いわへん言うて、言うとるやないか、気の小さな人間やな実際）。

しかし、もう直ぐだという雰囲気はない。

（オイオイお前、六千三百円で切った分くらいは、十分に走っとるぞ。もうエエかげんに止めて、いうてえな、頼むわ）。

車はどんどん山の中をぬって走っている。

もうすでに一万三千円は越して四千になっているかもしれない。

「ああその先で止めて」

（おい、山の中やないか、家なんかないやないかい。エー何かやばいのとちがう？）。

これは冗談ではない。本当に気をつけないと、何があるか分からないと、真剣に身構える。

「運転手さん、住所と名前と書いてといて」

「エッ」

耳を疑がった。

「エッ、私の住所と名前?」

「あんたに住所と名前書いてどないしまんねん」

「しかし、住所も名前も分からんと金払われへんやろ」

(エッ、こいつ何言いだすねん。本気で言うとんのかこのアホ)。

「ワシ、ちょっと言うてる意味が分からへんねんけど、お金無いということ? 金持たんとタクシー乗ってんのん?」

これまた信じられないことばかり聞くのである。

「ううん。金もってるで」

これは、〝山中〟と言って、下手に出ていれば、何か余計にまずいと直感した。

この判断は一つ間違えれば、大変やばいことになる可能性がある。

「お前、何に言うとんねアホ。タクシー代持ってんのに金払わんと、こんな山中につれ込んで、どこに回りに家があんねん。足いたい言うてたんちがうんかい。それに住所と名前書けやと、とぼけたこと言うなよ」

「でも、どんな運転手でもこれで乗してくれてるよ。今お金は持ってんのは持ってるけど、払うのいややし、他の運転手はＯＫしてくれるよ」

「そんなもん知るか、そんな運転手は、そんな運転手や。ワシはそんな運転手とちがう。一緒にするな」

「そんな、堅いこと言わんと、後で送るんやから」

「アホか、お前な、タクシーはその時払いや、後払いなんてあるか。それに、持ってないんやったら別やけど、持ってんのに払わんとはどういうことや」

「でも、皆んなこう言ったらゆるしてくれるけどな」

「冗談言うな。おちょくっとったら承知せんど。こら!!」

「必らず払う言うとるやんか」

「何ぬかしとんねん。そんなこと信用出来るか。警察行くぞ。ケイサツ」

「ああ行こか」

(気軽に言うやつやなこいつ。ひょっとしたら頭おかしいんかな。話の内では、そうでもないように思うんやがな……本当に気をつけな、いかんな)。

「どこにあんねん。」

「ああ、もうちょっと先に行かないかんけどな。ちょっと遠いよ」

「かまうか。行く、道教え」

と同時に出発する。三〜四〇メートルくらい走ったか
「もうええよ、金払うから、ここで止めて、冗談やジョウダン」

といってサイフから一万円取り出すではないか。

「出すんなら、最初から出しいな。趣味悪いで。こんなに声からすほど、怒らせて、たいがいにせなあかんで」

「ハイ、三千円。ア・リ・ガ・ト・ウ・ご・ざ・い・ま・し・た」

「あんたみたいな人初めてや、皆ゆるしてくれるけどな」

(くそくらえ)。

(金あるんやったら、払いいな。たとえ、たとえやで、冗談にしたかて、していい冗談と悪い冗談が有るんやで)。

「ありがとうございました」

(早よ立ちさろ、あるんやったら払え、バカやろう)。

彼は本当に冗談だったのか?

私は今でも疑問に思っているのである。

閑談アラカルト①

サラリーマン時代の事である。販売会議の席上で、お得意先の発注の問題をめぐって、上層部と対立したことがあった。意地の張り合いで、とにかく自分の主張した目的は達成したのだが、組織というものは、会社で少しでも権力があるものが勝つのだということが現実の物になる。

「三〜四年、高崎に行って、営業所を立て直してくれないか」

言葉とはいいようである。その実、飛ばされたというのが、妥当であると思う。

それはさて置き、とにかく高崎に赴任したのである。一軒家は事前に営業所の方で用意してくれていた。その点は中小企業であるとはいえ、しっかりした会社であると感謝したものである。

独身の二十六〜二十七歳の若者である。足の便さえよければ、家なんかどうでもよかった。

営業所長は元上司で、私のことはよく知っていたので、簡単に赴任の挨拶をすませ、得意先及び代理店への挨拶回りに歩いた。

(そこで運命的な出会いがあるのである。代理店で図面を書いていた女性が私の元女房である)。

一人暮しは初めてである。何か、うれしく、新鮮である。

食事は最初は外食ばかりであったが四～五カ月くらい経つと、自炊もするようになっていた。

新商品を会社で初めて売ったある日のことである。

「今日は会社の祝いだから無礼講で行く」

この無礼講の意味が、本当にくせものである。私は一番下っ端であるが、皆が〝ケン坊、ケン坊〟と呼んでいる先輩に、無礼講という甘い言葉につられて、つい、

「ケン坊、これから飲みにつれていってください」とやってしまった。そこに私達に便乗

して飲んでいた、隣の係の係長が、

「おい、ケン坊とは何だ、彼は元わしの部下だ。お前の先輩だ」

と言って、なぐられたのである。

私は思っても見なかったことなので、もうびっくりしてしまった。メガネは入口の方まですっとんだ。

「表に出ろ。話をしてやる」

私は困ったなと思い、柔道部の同じ部員である上司の顔をちらっと見たが、

「表に出て話だけしてみろ。これ以上なぐるようだったら止めてやるから」

というので仕方なく路上に立った。すると上司以下四〜五人がぐるりと取りかこんだ。

その場で何の話をしたか覚えていないが、こともあろうに、その上司を先頭に、背負い投げ、体落としなど柔道の技で、四〜五回も投げられたのである。

私は多少柔道の心得があり、ほんの少しだが受身を知っていたので、頭は打たなかったが、いかんせん、相手はアスファルトである。痛くないはずがない。

次の日から仕事をしていても、おもしろくないのは当然で、笑顔で仕事なぞできるわけがない。

支店長が何かを感じたのか、

「お前この頃、おかしいぞ。どうしたんだ」

と聞くので、先日の飲み会での出来事を話し、〝おもしろくありません〟と苦情を言った。

すると、本当にそれからまもなくである。その係から私だけはずれて、全く新しい部門に組み込まれたのである。

そんなことがあって、室に帰ってもボウッとしていたり、いろいろ考え事などをしていたりしていたせいもあったのだろう。私は風呂の空焚きを二度もしてしまった。

最初はそんなにひどくはなかったのだが、二度目は大変で、すんでのところで死ぬところであった。

室の家賃はすべて会社持ちなので、私は大家さんに会ったことはなかったが、とにかく二度目はカンカンになって、上司の方に電話があったらしい。

大家としては、あまり細かいことは言いたくなかったのであろう。一度目は大目に見てくれたのであるが、二度目はそういかなかった。

上司からはさんざん油をしぼられたが、何んとか上司が事をおさめてくれたのである。

それから、しばらく経ったある夜のことである。

その日は少し寒いぐらいの日であった。私は少し風邪ぎみのせいもあ

って、十分に温かくしようと、ストーブを焚き、上着を重ね着して、流しで調理をしていた。すると、急に背中に氷を背負ったかのように、ものすごく寒く、冷たくなったのである。

最初は風邪のせいだろうと思っていたが、確かに何かがおおいかぶさるようにどんよりと重く感じるのである。だれかが来たのかと思い、ふり返って見るが、だれも居ない。またふり返るがだれも居ない。そうこうしていると、それこそ雪山に居るのではないかと思うくらいに冷めたい風が足元から一風、サアーと強く吹いたのである。背中は冷めたいは、足元からゾクツとするほど冷たくなる一風である。さすがに少し、恐いものを感じたが、その日は何も考えたくないので、テレビもそこそこに眠りにつくことにした。

ところがなかなか寝つかれない。もんもんとしていたが、何時頃か分からないが、人生で初めての金しばりというものを体験したのである。

その時は〝何んだこれは？　体が動かない。こんなバカなことがあるか。自分はどうにかしたのか？〟手も足も全く動かないのである。しかも目は開いている。意識はある。天井も見ているのである。だんだんあせり出して来た。

その内に確かに何者かが足元に居る様な気がするのであるが、頭を動かそうと必死にもがいても動かない。でも、それが何か目で確かめたいが、目だけ動かしても限界がある。何も見えない。

そうこうしている内に冷汗なのか、背中が異様に冷めたい。〝何か居るのか〞しゃべろうとするが声が出ないのである。

何んだ何んだ、この感覚は!! あせりを越してパニックになりかけてくる。すると姿は見えないのであるが、ものすごく素早い動きで頭の方に、あの何者かがスーと頭の近くに現われた。現われたというか、確かに何かが動いて来たのである。

声を出したいが、声にならない。何かうなり声でも上げていたのであろう。どうにか、声に出たと思う。すると、また急に天井に移動した。

今度ははっきりと何者かを認識する。それは、もやもやとした白い煙りのような物である。しかも色々と変化している。

何か顔のような感じもするが、そうでないようでもある。本当に勇気をふりしぼって〝お前は何物や〟と自分でびっくりするくらい、はっきりとしゃべっている。

気のせいかにやにや笑っているような、何かを訴えているような気がする。

「何の用や。何んでワシの所に来るんや。モンクあるんか。言うてみろ!!」とにかく普通にしゃべっては、恐いのでケンカ越しである。また、すっと対角線上の天井の足元あたりに移動したのである。もう、その頃には自分の意志で声が出て、しゃべることが出来た。

「何か文句があるか。あるなら、堂々と出て来い。相手になってやる。お前なんか怖くないぞ。話があるなら出てこい!! ただ、そこでフラフラしているだけやったら、出ていけ!!」

するとフッと跡形もなく消え、体も解かれたように動いた。あれは何んだったのか……?

この部屋の前の住人が風呂の空焚きで死んだと知ったのは、それからまもなくのことであった。

閑談アラカルト②

私が独立して仕事をしていた時の事である。

得意先を接待して、タクシーに乗り間もなく家に着く前のタクシーの中で、カバンの中へサイフを取り出すべく手を入れたが、サイフが見つからない。酔っぱらった頭の中で最後の店の支払いシーンを思いうかべると、確かに支払ったことを思い出すが、その後が分からない。確かにあの店から接待客をタクシーに乗せるまでサイフを取り出した憶えはない。

いくら入っていたか、定かではないが、支払いを済ます時は、万札はそこそこあったので七～八万はあったかもしれない。

でも、どうしても私所有のサイフが私の許可なしに姿を消した理由が分からない。

人というものは、不確かなことは、そのままにしておくと、気持ちが悪くて、何んとかその原因をつきとめたいものである。

「ひょっとすると、客をタクシーに乗せる時に確か、タクシーの運転手に一万円を手渡したのは憶えているが、あの時に、サイフのやつが、私のカバンかズボンの中に、いつも押し込められているということに、嫌けがさして散歩に行ったのかもしれない。

ともあれカバンの中をひっくりかえすが、姿が見あたらない。ズボンの中、セビロのポケット、と、ありとあらゆる、考えられる所を探したが、どうしても姿を表わしてくれないのである。私とすればサイフいうものは大きくて、厚みがあるという先入観が支配していたので、ワイシャツのポケットというのは、私の概念からははずれていた。しかし、五千円札がワイシャツのポケットにかくれていたのである。この事は後に出てくる事になるので一まず置いておくことにしたい。とり合えず、場面はタクシーの中である。タクシーの運転手にどう対処するべきか考えた。支払いの段になってサイフがないことを告げるよりも、先制攻撃の方がよい。そこで私は「運転手さん、サイフがどうしても見つからないので、その先に交番があるので、悪いけどそこに付けてくれますか？」

狭い空間の中である。私がカバンをひっくりかえしたり、身体検査を繰り返しているのだから気が付かないはずがない。

「お客さん、サイフを無くしはったんですか？」

「そうですねん。どこ探しても無いんですわ。とりあえず、必ずお支払いするということを交番で約束しますので、交番へ行って下さい」

後で考えてみるとポリスボックスなんどに行かず、運転手と約束をしておけば問題もなく解決していたのかもしれないが、こちらとしては、警官の前で約束してあげた方が運転手の方も安心するのではないかという親切心というか、はたまた正義感というかエエカッコシイといった方が当っているのか分からないが、とにかく安心であろうと思ったので交番へ行ったのである。

私としては、カバンの中身、各ポケットの中身が座席に散乱しているので、中にしまうのに時間がかかってしまい、運転手の方が交番に先に入って、運転手が何かを警官に言ったのだが、私には何を言ったのか聞こえなかった。しかし、警官の次の言葉が私の耳を直撃したのである。

「何!!　金もないのにタクシーに乗ったんか!!」

である。

いくら大人しい私でもこの言葉は頭にカチンとこさせるには十分であった。

「何と言うことを言うんだ君は、今何と言った。金もないのにタクシーに乗ったのかだと。ふざけたことを言うな、人を見たらどろぼうと思えという考えで、いつも人を見るから悪徳警官が生まれるのだ」

「それなら払ってやらんか!!」

「待て、私はそのためにわざわざ、運転手さんに頼んで、私自身がここまで来て、証明しておいてもらうために来とるんだ。有れば払っとる」

「そうしたら奥さんにもって来てもらったらええやないか」

「女房はたまたま子供を連れて実家に帰っとる」

「そうしたら、知人友人に借りたらどうや」

「君はそれでも警察か、今何時やと思ってる。常識というものを持ってるのか。私は犯罪人やないぞ。自分から進んでここに来て払うからということを約束するつもりで来とるんだ。勘違いしてるんとちがうか君は!!」

興奮しているのでタバコでも吸おうと、あちこち手さぐりをしていて、ワイシャツのポケットに手をやると、前述の、五千円札が自分の存在を言い出しにくそうに、もじもじしながら、ワイシャツのポケットにかくれていたのである。

「あっ!! 有った」

ホッとすると同時に、運転手の顔を見ると、彼は安心感にみちあふれていた。とりあえず支払いをして、おつりをもらった。警官が、

「よかったやないか」

「ちょっと待て、何がよかったや、私は絶対にさっきの君の言葉を許さないぞ。金も持たずにタクシーに乗ったんかとは、何事だ」

しかし、敵もさるものである。後に引いては沽券にかかわるとでも思ったのか、

「しかしあの場合は、そうやった」

「あの場合？　さっきも言ったようにこの交番にはわざわざ自分の指示で来てもらったんだ。犯罪を犯すつもりもない。善良なる一市民だ。その人間に向って、人もなげな事を言うな」

「あの言葉は絶対に許さん。君の名前を言え」

「名前なんかいう必要はない」

「なぜ言わない、言うのが恐いのか」

「言う義務はない」

「私は君の名前を聞くまでここを絶対に動かんぞ」

と私と警官の遣り取りを聞いていた運転手は、しびれを切らしたのか、

「私は帰ってよろしいですか、まだ仕事がありますので」

とそそくさと帰っていったが、彼は何んとアホくさい会話をいつまでも続けているのかとでも思っていたのかもしれない。とにかく警官は〝すきなようにしろ〟と最初のうちは

言っていたが、しゃべるのしゃべらないの問答でつかれたのか、

「いいかげんにして帰えりなさい。退去命令を出すぞ」

この言葉にもいかに大人しい私でも、またカチンと来たのである。

「よし、出すなら出してみろ。おもしろいやないか。私が動かんかったらどうするつもりや。暴力で退去させるのか。こうなったら私の全知全能で君を糾弾してこのまま職場で働けないようにしてやるぞ。出来ない人間やと思っていたら、大やけどするぞ」

何と無知で恐いもの知らずだったのであろう。興奮していて何を言い出すのか？

しかし、これには警官も少し閉口したみたいであった。

「さあやってみろ。君の名前を聞くまでは、自分の意志では動かんぞ」

すでに二時間はゆうに経っている。

本当は私も早く帰って寝たかったのだが、おいそれと引くことは出来ないではないか。

名前のどうのこうのを、押し問答していてもらちがあかないと判断したので、

「本署へ電話しろ、君の上司に話を聞く」

その言葉に乗ったのか電話して、こうこうと話し始めたが、

「電話を貸しなさい。あなたはこのいんぎん無礼な警官のどういう立場の人ですか?」

「いや立場がどうのこうのではありませんが」

「それでは話にならん、この人の上司と話をしたい。上司を出しなさい」

というと、素直に代わってくれた。その上司は
「話はあらかた聞きましたが、交番所の人間は名前を言わなければならないという義務はないのです」

「しかし、警官だからといって人を見ればどろぼうと思えというような気持ちで、接していいんですか?　何んですか、金も無いのにタクシーに乗ったのかとは何事ですか。どんな人間でもお金を無くすこともあるし、忘れることもあるんじゃないですか」

「いいえ、そういうことであれば良くないことと思いますし、後で良く説諭しておきますので、今日の所は私に免じて、帰ってもらう訳にはいきませんか」

(うんうん、さすがは上司、話の分かる人だわい。これで少しは私の立場も保てるではな

いか)。

もうすでに三時間近く立っている。夜は明けかけているのである。

もうとにかく私は早く帰って眠りたいのに、名前さえ早く言ってくれればいいものをと、心から思っているのであった。

「私のほうも早く帰りたいのです。そのように言ってくれれば、私も納得がいきます。あなたの方からぜひ注意をしておいて下さい。ちなみに、あなたのお名前は?」

かくて、ようやく解放されたのである。本当に疲れた。自分はこの三時間以上何をしていたのか、何かを得たのか、理由《わけ》が分からない事をしてきたんであろうな。私は本当はアホなのかもしれない。いやまちがいなくそうであろう。

閑談アラカルト③

高校生の頃、私は今もそうであるが、かなりおっちょこちょいであった。夏休みか春休みであったかは定かではないが、その頃なりに何かを考えていたのであろう。

午前中に耳鼻咽喉科と歯医者の二つに通院する予定であった。これから記することは、そんなバカなことがあるかと、お笑いになるかもしれないが、本当の話なのである。

一つ目の医者に行くと待ち合い室はすでに患者でいっぱいであった。座る場所がないので立っている患者もいるくらいである。その時は、いつもこんなに混んでいたかなと少し不思議に思ったが、有りうることだし、しかたないかと観念して大人しく待っていたのである。

実際一時間以上待って、やっと名前が呼ばれた。やれやれの思いで先生の前に進み出て、大きく口を開いて、待っていたが、なかなか見てくれる様子がないので、目を開けて先生の顔を見たが、ポカンとしているのである。目と目が会ったその時、先生が「君、何しに来たの、何を見てもらうつもりなの?」と意味が分からない。あんぐり口を開けていると、どうも様子がおかしい。でも、何となく雰囲気的に状況の理解が出来初めて来た。

「あっここ歯医者とちがいました?」

「目医者やでここは」

思春期の年頃の事である、とにかくカーと血がのぼり、恥ずかしい。

「失礼しました」

看護婦が目で笑っている。脱兎のごとく診察室を抜け、待ち合い室を抜けて逃げるようにして靴を履くが、背中から自分を笑っている患者の目をまともに感じながら、靴を履くのも、もどかしく駆け出した。

また、悪いことに私の間違った医院の隣にもう一つの病院があった。いつも行き慣れた医院なので、何も見ずに駆け込んだ。

こんどはほとんど患者がいない。よかった。それにしても恥ずかしい。穴があったら入りたい心境である。まだ、動悸が静まらないまま、名前を呼ばれて先生の前に出て、口をあんぐりとあけるが、今度は前回より素早く自分の間違いに気がついて、

「あっ失礼しました」と飛び出した。

もう自分はどうなっているのか、全く嫌になってしまう。今度は耳鼻咽喉科である。後で考えたら、何も逃げなくても、首を傾けて見てもらえば良かったのだ。

それに気づかないのである。とにかく恥ずかしいというのが先入観として支配しているのである。とにかく外へ出てみたが、家を出てから一時間半くらい経っているが、何もみてもらっていない。そんなことより、もう二度とあの病院にはいけない。でも、とにかく歯医者だけはいかなくてはいけない。

今、行っておかなければ痛くてがまんできなくなるだろうと思っているが、恥ずかしくて、すぐには行くことが出来ないので、二～三〇分くらいブラブラして、意を決して歯医者の看板を確認しながら病院の門をくぐった。

その数時間あと、四～五時頃であった。家の近くを歩いていると、わが家の車（黒のセドリック）が向うからあまりスピードを出さずに走って来た。黒のセドリックなんてどこにもあるので、事実はわが家の車らしき車なのだ。〝止まれ〟と体と手で制止して

「兄キ、ボクのズボンはいてるんと違うか、早よ替えてくれよ」

全く家の車と思っているのだから、運転手の顔なんか見る必要もないし、数時間前の恥ずかしさも手伝い、気分を悪くしていたのである。それもまた、喧嘩ごしである。第三者

から見てみると、その運転手は本当に肝をつぶしたに違いない。全く見ず知らずの（高校生頃の時である）、そこそこ体力のある男から、喧嘩ごしで、〝兄キ〟と言われたのである。

私が自分の立場ならどうであろう。しかし、返事がない、どうも様子がおかしい、どうなっているのか、さらにきつく言うつもりで横を見ると、同じ丸顔ではあるが、全く違う人である。さすがにその時は、恥ずかしいどころではなく、冷汗が出た。

「あ、失礼致しました。ごめんなさい、間違えました」

いそいで車外に出て、走ってその場を逃げたのである。その間、運転手は一声も発しなかった。

漫才師N

新大阪駅で客待ちをしていてついに私の番になった。客を見てすぐにN氏であること気がついた。私はとくにこの男が嫌いなのである。その理由は前に一度、彼を乗せたことがあったが、自分勝手な横柄な態度が記憶に残っていたのである。だみ声のやかましい奴である。

彼は「運ちゃん、自分が全部言うから言った通りに走ってや。新御道をどんつきまで行って、そのつど言うから」と言ってクルマに乗ってきた。

私は、彼の師匠が新御道どんつき北の方角に家があるし、そちらの方が距離ものびる、また、身勝手な考えかもしれないが、普通運転手は御堂筋どんつきといえば北の方を意識するのである。すると彼は、

「運ちゃんどこ行くねん。京橋の方やで、勝手な事したら困るがな」

「あっすいません。そっちの方ですか。さてどうしょう。少しバックしますから」

「おいおい気いつけや。わしは死ぬのいややから」

「あっすいませんね。でも、バックしないと、ずっと回り込む事になりますよ」

と私は元々嫌いなのだから自然と感情を押さえ事務的になる。

「もうええわ、そうしたらバックしいな。気いつけや、あぶないで事故起したらあかんで、後良く見んと、急がんでええから、ゆっくりバックしいや」。

(やかましい奴やな。ホンマに分かっとるわ。静かにしとけ)——。私が正常に走るようになると携帯電話で話をしだした。

「ああオレや、Nや」何やかやとえらそうに細かい指示をしている。弟子なのかもしれない。それが終わるとすぐ電話をかけ直し
「ああ、オレやNや」

これを四回ほど繰り返していたが、一向に道を指示しそうにない。もうそろそろ分岐点である。私は話をしたくなかったが、行先を聞かなくては仕方ない。

直前になり聞くと、これまた偉そうに、

「片町の方や、こうこう行って」

「ハイ分かりました」。

「運ちゃん、Nやけど知ってる、知ってる、知ってる?」

(三回も言いやがった。知らん言うたろか) 事務的に、

「ハイ知っていますよ」

「アッソウ」

それで少しは静かになった。それまでしゃべりまくっていたのである。ろくでもないことを――。精算の時である。

「これ、テレビ会社のチケットやけど、これちょっと期限切れてるけど大丈夫やからな、本当にいけるから、問題無いからな、心配せんでええからな」(見るとちょっとどころやない三カ月近く前やないか)。

「これ三カ月近く前ですがな」

「本当大丈夫やて、心配せんでええから」

「そうですか、そこまでいいはるんやったら分かりました」

「ボク、Nやけど分かってる？」

「……」

降りた後、声を出して
「いやなやつやな、新御堂どんつきいうたら、普通北の方へ行くやろ、ちゃんと指示せえ。バカ!!　二千円位の金、こんな古いチケット出すなアホ」

そのチケットは問題なく現金化したが、それが現金化しなかったら、まるでサギやないか。

退社直前の事故

新大阪駅の客待ち場で、すでに三〇分くらいは待っていた。むちゃくちゃ眠くなってきたので、この状況だと後一時間くらいは覚悟しなくちゃいけない。この一時間で少しでも寝ておこうと思い、ついつい気持ち良く眠ってしまったのである。悪いことが起こる前の眠りというのは、とかく気持ち良くまともに眠っているものである。

しかし、徐々に前に進みながらなので、長時間眠るわけではない。せいぜい、五〜一〇分くらいまでであろうと思われる。すると後の車から前に進むようにと注意を促す為のクラクションが、心地良い眠りをさまさせた。寝ていては後の車に悪いという気持ちからか、ガバッと跳ね起きて、前方を見ると二〇メートルくらい、車にすると三〜四台分くらい空いている。後の車もよく我慢してくれたものである。これはだめだと思うやいなや、サイドブレーキを戻す、ここまではよくやる手続きである。ところでノークラッチの車というのは、時には悪しきものであるというのが、その直後痛感するのである。

パーキングからドライブにギヤーを変える、これも普通のことである。この後が普通ではないのである。ギヤーチェンジと同時にブレーキに足をもっていった。

いや、そのつもりであったが、〝な、なんと!!〟車がスピードを上げて走り出すではないか、前の車がバックしてきたのではない、自分の車が暴走しだしたのである。よくよく考えてみると、これは、ブレーキとアクセルを間違えて踏んでいたのである。誰か止めてくれ、無神論者ながら、急に神頼みである。でも、車は急に止まらない。

自分ではブレーキを掛けているつもりなのだから、車はますます勢いを増していきりたっている若者のように、ああ、もうどうにもとまらない、である。どんどん前の車と距離が縮まっているではないか、ああーもうあかんと思ったとき、急に自分が何をしているのかが判断出来たのである。これは正常ではない。今はアクセルを踏んでいるのである。アクセルからブレーキに変えたのだが、時すでに遅し、やってしまう。

何とその時自分でも後でも説明がつかない行動をしているのである。ブレーキと同時か、ひょっとすればそれより早い具合にドアを開けているのである。自分は飛び出るつもりなのか、判断してやったことではないのである。すると当然のごとく、(故桂枝雀氏の話のように)、ゴトゴトゴト、と前に当たる。前の車は、その前の車に当たっていくではないか。実際のところ玉突きになっているとは思っていなかったが、二台突いてるのである。〝ああ神は我を見はなせり、神も仏もないのか〟しかし、気を取りもどして飛び降りて、

「だいじょうぶですか?」

と申し訳なさそうに聞くと、

「びっくりしたがな、自分はそうでもないけど前の人が分からないよ、前に行ってみ」

「え!! 前もですか?」とおどろいてしまった。心配しながら「どうですか?」

とおずおずと尋ねたが、相手は、

「うーん、どうかな」

ときた。しかし、これは自分がしたことだからしかたがない。

何やかやと話をしていたが、〝神も仏もあったのである〟。何んと三台とも同系列の兄弟

会社なのであった。この時点で相手も態度がかなり変わってきて、〝兄弟会社じゃしゃーないか〟と言ってくれた。しかし、今は営業中であるし、二台ともこれで帰るのはもったいないから警察に届けだけ出して、まだ走るということで、警察に行って、調書を書いていたが、その警官が、

「お前の説明、おかしいやないか」

と昔の官憲のごとく、横柄に、しかも、その人間ではなく、失礼にもとなりで聞いていた上司らしき人物が口を挟んできたのである。私は後を振り向いて内心なんと失礼なやつだと思い、

「お前とは何事か、一体あなたは何者なんだ」と言ってしまったのである。

すると隣りで聞いていた運転手が、ギョッとした顔をしてこっちを見ていたが、こっちも言いだしたから、やめる訳にはいかない。

「あなたは権限を振りかざして何ですか。あなたにお前呼ばわりされる筋合はない。私はこの人には悪いと思うが、後から割って入って、お前とは何事か、あなたに私が何か不都

合な事をしたのか、言いなおせ」と捲し立てた。

すると相手は、こんな事をあまり言われた事がないのか、一瞬つまってしまったが、

「お前にお前といって悪いか」

と反論してきた。

「あなたは何ですか？　この場所に居るからといって、笠に着て、犯罪も犯していない人間に対して、誰れかれとなく、お前呼ばわりしているのですか」

と、こちらもこんな横柄な人間に負けたくなかったが、隣の運転手が中に入ってくれたので向うも潮時と感じたのかプイと向うを向いたので、ほこがおさまった感じになった。

会社を辞める直前の事故だったので、自分で事故処理をするつもりでいたのだが、事務所の事故処理係の人間が、

「君は自分で処理するつもりか、自分が居るのだから勝手にしてもらってはこまる」

「もうすぐやめるし、貧乏人やから少しでも少なく決着したいから、やらせて下さい」

「それはだめだ、何のために自分がいるか分からない」

と言われて押し切られた。数日して私とその担当者は一緒にその同系列の会社の相手へあいさつをしに行って事故の件でいろいろ話し合ったが、金額の段になると、

「ちょっと車で待っとけ」

と言われたので、その場で反論するわけにもいかず、指示に従った。すると五分くらいして戻って来たが、一人十五万円で決着した旨を事務的に告げてきた。その時私は少し不服そうな顔をしたのを事故係は見逃さず、色々言い訳をしていたが、聞くのも面倒になり生返事をしていた。そして、会社に帰って翌日、事務所の少し仲のよい話の分かる人に、一人十五万円だとだけ言って、会社を辞めた。会社を辞める決意をした直後の事故だけに、何んとも後味の悪い気分であった。

その後、給料精算の時に行くと、事務所の人が会社を辞める人間だからといって、無茶な事をしてはいけないと、事故係に言ってくれて、結局一人五万円で話をつけてくれた。

無礼極まる恐いおっさん

めずらしく、繁華街から離れた所で、中年のアベックが車を止めた。ミナミの繁華街に向かって走れとのこと。少しラッキーな気分になった。

女性の方は可成りしっかりしていたが、男性の方は女性に対して、大層高圧的で、その態度が何となく恐いおじさんの部類の方を想像させる。私は何もなければいいがなーと、思いながらミスを犯さないように注意し、目的地に向って、だまり込んで運転していた。すると、後の方から大抵の場合後からであるが、又もや「運ちゃん」である。人を外見で判断するのはいけないとは、心掛けてはいるが、このような雰囲気を持つ人には出来るだけ関わらないようにするのが常である。しかしそれもはかない願いであった。

「おい運ちゃん、お前ハゲとんな。後から見るとつるっぱげやで」

(何と失礼な。いくら客でも突然ハゲやとぬかしやがった)。

無視しようと思ったが、何と自分は情けない人間なのだろう。返事をしないと恐いのである。でもいうに事かいてハゲというではないか、ここはビシッと言わなければ

「ハイ、ハゲてますわ、しょうおませんわ」

ビシッと言ってやった。

「お前、そんなにハゲてて、辛い事ないか。わしみたいに、生やしたいと思わんか？」

少々ムカッと来だしたが、何せ相手はその類のおじちゃんみたいな人である。

「もうずっとこれやから、もういまさらどうこう思いませんわ」

と言って黙っていると、

「そんな失礼な事いうたら、あかんがな。運転手さん、すみませんね。だいぶ出来上ってるので、ゆるしてね」

そんなに美人ではないが、こういわれると、まあ気の大きい所を示しておこうかという気になり、

「いいですよ。酔ってはるんやし、いちいち気にしてたら、こんな仕事出来ませんわ」

（本当はいちいち気にしているのである。人間自分では分かっていてもハゲといわれて気分が良い人間はいないのでは……）。

すると私がせっかく大様な所を示しているのに、

「運ちゃん、ホンマに、こんなにハゲてていやなことないか」

こともあろうに後から自分の頭をびちゃびちゃとハタイて来るではないか。

さすがに私もムカッと来た。ガジッと我慢の子である。

しかし、さらにぴたぴたとハタきながら、

「そうかな、ワシやったら、こんなにハゲ

てたらいややけどな」

さすがにムカムカしてきたが、ここでガマンすれば自分自身がさらに大きくなれると、さらに我慢をした。(本当はおこるという行為が恐かったまでのことであるが)。

「もう達観してますわ」

と言いながら、早く降ろしてしまおうとあせり始めた。

「繁華街の中に入って行け」

ときた時は、ああ、この地獄はまだ続きそうである。

「あんた、本当にやめとき、運転手さんもしまいに怒るで」

「かめへんやないか。怒ってみいや」

(このアホ勝手な事ぬかしやがって、お前が一方的に頭をハタイテハタイテ来たんやないか) ここでも相当頭に来ていたが、むっと、だまっていた。

そこで相手はさらに調子に乗り、少し強めにハタイテきて、

「仕事やから、しょうがないやんな、運ちゃん」

と来たのである。もうここまで来ると、本当にムカッと来たのである。もうだめだ。恐いが仕方ない。どうにでもなれと思いつつ、これ以上侮辱されてなるものかと、頭を横によけて、

「お客さん、あんまりなことしてたらあきませんで。私もそら仕事やけど、していいことと悪い事のけじめくらいつけないと。子供やおまへんで、やりたいからといっていたら、世の中メチャクチャでんがな。あなたの頭をたたいてみしましょか。どんな気持ちがするか」

必ずケンカになると思っていたが、女性が中に入り、こともなく車を進めることが出来たが、それからの男の指示は、よけいに横柄でつっけんどんであった。私は喧嘩にならなくてよかったと思いつつ、怒らせないように怒らないようにと気を使いながら、その指示に「ハイ。分かりました」「ハイ。分かりました」と応対していた。

運転手は石ころじゃない

ミナミの繁華街の中から、アベックを乗せる。男はこれまた一見恐いお兄ちゃん風、女性はボイン、キュッ、ボンとめりはりのある、顔はまあまあ十人並位いの若い女性である。

「今里までいってくれ」

「ハイ分かりました」

繁華街を抜けるまでは普通に大人しく乗っていたのだが、繁華街を抜けてから、やおらイチャツキ始めたのだ。それはもう短いタクシー経験であるがすさまじいの一言で、本当にこちらとしては面白くないし、気になってまともに運転も出来ない位いのはげしさであった。すぐにキスをしはじめて、そう、音でも分かるようにものすごくディープで濃厚なそれである。まさにグチュグチュ言っているのである。それだけならまだ我慢が出来るのだが、女性の方がやおら、馬乗りになり出して、ウハウハと言っているではありませんか。

あまりの激しさに、もうすでに達観してしまっている、私もさすがに気になって安全運転どころではない。大人しくて、純粋無垢なこの私もたまらず、

「お客さん、あんまりな事しないで下さい。こちらも人間ですよ。気になって安全運転出来ないじゃないですか！　それ以上なさるんなら降りて下さい」

と勇気をふりしぼって言った。すると、

「気にせんと前向いて運転しとけ」

とこう来たのである。

恐いが、

「冗談やないですよ。こんな狭い密室の中で、気にせずにおられますかいな」

と言うが一向に止もうとしない。

「もうそれ以上するなら降りて下さい」

男らしくきっぱりと言ったら、

「分かった分かった、かわいそうやから止めといてやろう。そやけどお前、体に気いつけ

てしゃべれよ」
（何が体に気いつけろや、お前の知ったことか）。
「ハイ分かりました。せいぜい気を付けます。ありがとうございました」
（くそ面白くない、運転手を何やと思ってんねん。そこらへんに転がっている石やないぞ）。

ワンメーターの価値

夜二時頃ミナミから、行先は忘れたが、確か千円までくらいの距離の所であった。年の頃なら六、七十歳のオバチャンである。最初は、気持ちよく話していたのだが、だんだん不機嫌になってくるのが分かるのである。

「なんやろな、何も機嫌をそこねるようなことは言ってないのにな」と思いつつ目的地に到着して、「ありがとうございました。料金は○○円になります」

と請求したところ、

「あんたな、私はもう何回も往復タクシー使ってんのや。あんたが黄信号で止まるから、見てみ。ワンメーター上ったやないか。どういうつもりや」

ときたもんだ。

「お客さん、黄信号は〝止まれ〟という意味ですよ、黄をつけて（気をつけてといわなければならないのかもしれせまん）渡れという意味と違いますよ。年がら年中そんな運転してたら、安全に運行出来ませんがな」

と反論した。

「皆な行っとる。あの手前の信号で止まらなかったらワンメーター安くてすんだんや、負けとけ」

とぬかしやがった。私もここで負けてはならじと、

「何言うてまんねん。何で私が損せなあきませんねん。通常に、安全にお客さんを送って正当な代価を得て仕事をしてますねん。何で負けなあきませんねん。メーター通りもらいます。」

と言うと、こともあろうに「いやや、こだけしか払わん」

ときた。

（このオバはん、アホか何ぬかしとんねん。誰が負けるか意地でも取ったるぞ）。

「ようし、意地でも負けるもんですか、絶対にメーター通りでいただきます」

「そうか、そしたらワタシも払うもんか」

ときたのである。そうこうして十分くらい押し問答したのですが、もうさすがに私もしびれをきらして、

(なんでワンメーターでこんなオバはんを相手に貴重な時間を費やさなあかんのか)。

と思うと何とバカげた意地をはっているのかと自分自身で嫌気がさしてきたのである。

とうとう根負けして、

「もう分かりましたよ。それじゃあ負けますわ。これだけください」

と折れたのである。とここまでくると普通はこれで解放されると思うのが常識であろう。

ところがこのオバはん、

「私は信号ワンメーターおしんでるのとちがう。あんたの運転の仕方を言ってるんや」

(アホいうな、お前は、ワンメーター惜しいから負けろと言ってんねやないか。寝ぼけるな)。

と言ってしまえば気が晴れるが、これを言ってしまえばお仕舞いである。せっかく負けて早く解放してもらって営業に走ろうと思っていたのがだめになる。ここは気を落ちつけ

て負けるが勝の精神で行こう。

「もう分かりました。本当にもう勘弁して下さいな」

　としぶしぶ、下げたくもない頭を下げて、必死になって、早く解放してもらえるよう、努力をしたのであるが、結果ムダであった。それから延々5分くらい、このオバはんの説教を聞いたのであった。こんなことなら、意地を張らずに、さっさとワンメーターを負けて、解放されておいた方がよっぽど精神衛生上健全であった。結局、ワンメーターで二十分近く引っぱられたのである。

　ここで大いに教訓を得た。負けるが勝。

ワンメーターの嫌な客

夜明けに近い頃である。大の女性?が手を上げた。見るからに左手で口元をかざしているような女性である。

とにかく、車を止めて〝どうぞ〟とドアを開けた。すると予想していたように、野太い声で

「ナンバ歌舞伎座までお願いします」

と来た。

(アア、ワンメーターか、こんな時間やしええやろ)。

「どうぞ」

私の方はあまり話をしたくないので、黙って運転していたが、話をしたくない時に限って話してくるものである。世の中うまく行かないものだなあと変に納得する。

「運チャン、元気か?」

と聞いて来た。意味が分からないままに、

「ハァ、おかげ様で元気ですわ」

と答えると、

「違うがな、ムスコは立つかと聞いてんやがな」

(いきなり何ぬかしとんねん、いやなやつやな)。

「いやぁ、そうでんな」

とあいまいに答えておく。

と、

「どうやねん」

とたたみかけて来た。しかたなく
「あきませんな」(人の事ほっとけ)

「そうか役に立たんのか。情けないやっちゃな」

(むかっ!! こいつ何考えとんねん。気持ち悪いやっちゃな)。

「そうですね。もうしかたおませんわ」

「最近したことてないねんやろ、したいと思わんか?」

(もう、ほんまに気持ち悪い!! エエかげんにせぇや、お前なんか気持ち悪いわ、アホ)。

しばらく沈黙が続く、

「それはそうと、運チャン。ハゲとんな、えらいハゲやな。冬、寒いやろ」

(くそほっとけ、寒かろうが、熱かろうがワシの勝手じゃ、大きなお世話じゃ)。

気分が悪いので相手にしないようにしていたが、

「しかし、ようハゲとんな。つるっパゲやな」

(もうええかげんにしせえや、しつこいやっちゃな)。

気色の悪い思いを堪えて走っているうちに、新歌舞伎座に着いた。

(ああ。やっと降りてくれる、ホットするわ)。

「運チャンちょっとタバコくれへんか?」

まあええわ、タバコ一本くらいやったかて、これでこんな気分の悪いオカマと離れられるんやからと、

「ああ、どうぞ、パーラメントでよかったら、どうぞ」

「ありがとう、火も貸して」

(タバコも火もやとどっちか片方くらいもっとけ、ボケ)。

「ハイどうぞ」といってライターを渡しかけると、「つけてえな」

(火ぐらい自分でつけろ。ボケが)。

と思いつつ何とやさしいのであろうか。

とにかく火をつけるべく、差し出すと、

何と気持ちの悪い。手を添えてくるではないか。もう本当に吐きそうになるは、泣きそうになるは、ゲンナリしてしまったのである。

「とりあえず、一服してから、払うからー。人間慌てたらいかん、気を落ちつけて、待ってるんやで」

(何や貴様、人をなめとんのか、何を説教たれとんねん、早よさらせ)。

と呪いつつ、ブスッとしながら待っていると、

「人間、あわてたらいかんで」

やっとのことで、ワンメーターの金を出して払ってくれたのである。ワンメーターで何で、こんないやな目に遭わないかんのかと真剣に悩んだのであった。

ありがたいクレーム

夜三時過ぎ、ベロベロの女の子が倒れ込むように乗り込んで来た。

「アビコまで行って下さい」

と言うなり、倒れこんでしまった。

「どの路を通りますか、バイパス通って、アビコ筋でいいですか？」

と一応聞くと、

「それでけっこうです」

と言ったきり本格的に眠り込んでしまった。

私としたら、気を利かせて、聞きたい番組があったが、ラジオのスイッチを消して、走っていた。そろそろ着く頃だなと思いつつ、いつ起こそかと考えて、アビコの交差点まで行ってしまうと、万が一〝行き過ぎたと言われたらかなわんな〟と考えをめぐらせて、少し手前の信号で車を止めて、起こし出したが、一向に起きてくれないのである。困ったなと思いつつ、さらに大声で、起こしたが、頑として起きてくれないのである。

その寝姿たるやよだれをたらし、足をだらしなくおっ広げて、いびきをかき、なんとも見られたものではない。

女性もこんなになってしまっては、値打ちが下がってしまうなと思い、見るつもりは無かったが、見るとは無しに見ると、チラチラと奥の方が見えているのである。そんなことより、とにかく起こさなければならない。どうして起こそか、女性はとにかくやっかいである。へたに体に触る訳にいかないし、かといってこのままでは、起きてくれそうもない。思い悩み、回りを見たがポリボックスもない。これはやはり、大声で起こすしか方法がない。一〇分くらいは、大声を出していたのではなかったかと思うが、努力はしてみるものである。やっとのことで目をさましてくれた。

「ここどこ?」

「アビコですよ。先の信号がアビコの交差点です」

さすがにしっかり寝込んでいたのか、しばらく回りを見わたしていたが、

「行き過ぎてる」

「行き過ぎてますか？　私は交差点まで行ってしまうと行き過ぎるといかんと思って、手前で起こしたんですが、バックしましょうか？」

と親切に言ったつもりであった。

「ここで良いが納得がいかない、名刺をちょうだい」

と、こう出てきたのである。

「いくら起こしても起きてくれないし、さっきも言ったように、普通アビコの駅といわれれば交差点まで行きますよ。私は名刺を持っていません。名前はHと言います。そこに協会の名刺があります」

「納得いかない。名前も分からない。電話をしますから、あなたの名前の入った名刺を下さい」

「電話をしはるというならしはったら。どうぞ。私は連絡されて困るようなことはしてい

ませんので勝手にして下さい。料金は三千九百四十円になります」財布から一万円出して、

「おつりはいらない」

「エ、本当にいいんですか？」

「いったん出したものはいらない」

「それじゃあ、遠慮なしにいただいておきます。ありがとうございました。」

何とラッキーな、こんなトラブルならいくらでも歓迎しますよ。お嬢さん。

年末の三十日で、三十一日に金を降ろせば良いと思っていたが、三十一日が日曜日ということに気づいて、年が越せないと困りはてていた矢先なので、本当に助かったと内心、ほくほくであった。つらい時の神だのみ、天は我を助けたもうたのであった。

腹に据えかねた警察の対応

お盆の終わりの頃である。とある事情で出庫が二時間ばかり遅くなってしまった。私は牛乳アレルギーとまで行かなくても、牛乳をあまり多く飲むと必ず腹痛を起こす体質であるが、たまたま、その日は朝食の材料がパンと牛乳しかなかったので、それで済ませてしまった。会社に着いてしばらくすると案の定グルグルグルピーときだしたので、トイレに少し長めに入り、ある程度すっきりしたので、出庫をした。

お盆の真っただ中である。めったに客なんか居ないだろうと、半ばあきらめ気分でハンドルを握っていた。ところが出庫して五〇〇メートルも行かないうちに、父、母、子三人連れが、カジュアルスタイルで立っている。間違いなく、感じは客なのである。話は横道にそれるが、仕事で運転していると、手を上げなくてもタクシーを探して立っている人、またははどうしようかと悩みながら立っている人、乗ろうか乗るまいかと悩んでいる人を見分け、客になるかならないか、八割くらいは分かるのである。とくに快感なのは悩みながら歩いている人に、スーッと寄っていってタクシーに気付かせて、乗せる事が出来た時などは、

「やった!!」

と思うものである。そんな時などお客さんの方が、

「良く分かったね」

と感心するのである。そのような時は「乗るか乗るまいか迷ってるよ、と書いてます」と答えることにしている。そんなにぴたっと的中するのは、一カ月で約数回という所でしょうか。

とまれ、話を元にもどそう。前述のように、お盆の最中出庫直後に乗客がいるのはまことにラッキーである。ところがそのラッキーが一〇分後にはアンラッキーに変身するのである。その客を乗せた直後くらいから、お腹の具合が悪くなってきたのである。さらにめったにない事なのだが、つり銭ポーチを忘れたのを、精算する時に気付いたのであるが、

九百八十円の所千円を出された。

「すみません。つり銭を忘れて来てしまいまして、細かいお金をお持ちではありませんか？」

と財布の中を洗いざらい、さらわせてもらったので、時間がかかっていた。腹の方といえば、グルグルとあばれまわり、今にももれそうになっている。つり銭を忘れた自分が悪いのもわすれて、早よ出してくれよ。何をモタモタしているんや、とじりじりとしていた。

やっと精算が終わって出発したが、たまたま、降りた所から私の家まで、三～四分程度なので、どこに駆け込もうかと迷いながら焦って走らせていた。

ところが左側には駆け込むような所などない。そうこうしているうちに家まで一～二分の信号の所まできた。いつもならば必ず一時停止するのであるが、このような情況である。交差点一〇メートルくらい手前の黄色の信号で中に入ったが、交差点の中に入った時点では確かに赤であった。

自分でも確かに強引かなと思ったのは事実だが、事情が事情である。

「ええい、行ってしまえ」

とばかり、左折したところ、大阪Y署の警官がにこにこと、ハンドライトといえばいいのか、赤色棒をぐるぐる回して止まれと言っているではないか。

人間というもの、あまりのオドロキの事態が起きると、それまでの苦痛に勝るのではないかと実感したのである。警官に止められたオドロキで腹痛を一瞬忘れてしまっていた。

「はい、免許証見せて下さい」

と来たのである。その時は自分でも、少し強引だなと思っていたので、

(まず下手に出なければいけないと思い)。

「許して下さい。本当に私はお金が無いのです。お願いします」

と頭を下げたのであるが、取り付く島もない。そこで、また、腹の具合が悪くなり、ワシを忘れるなよとばかりにギリギリとあばれ出した。

「家が近くで、腹が痛くて、それであせっていたのです。勘弁して下さい」

と必死になって頼み込んだのですが、やはりだめであった。

「それじゃあ行きましょう、トイレに行きなさい。乗せて行って下さい」

と言って乗り込んで来たのである。

そこで、未練たらしく、なおも許してくれるように頼んだが、ガンとして許してくれる様子がない。そうこうしている内に、私の心の中でむくむくと何かがこみ上げてきて、それがむかつき変化していくのが手に取るようにわかった。

そこで、

「ようし分かった。どうにでもせーや、ワシは黄色で入った。こんなもの署名も捺印もするか」

というと相手はおどろいたように
「あんた、正直になりなさいな」と言ってくる。

「冗談やるか、私は黄色で入った。お腹が痛いと言っている。私の思う所を言っているのだ。正直になりなさいとは何事か、どこへでも行ってやるよ。たとえ犯罪人でも自己弁護をする権利はあるんだ。正直になりなさいとは、何か」

「いや、何も犯罪人なんてことではないのです」

そうこうしながら家の近くに来て車を止めてトイレに行こうとすると、

「さあ行きましょうか」

ときた。

「君はなぜ、私の家まで来るのか、営業車を置いていて、私が逃げるとでも言うのか。君のような人間が、私の家の前で、トイレをすますまで居られたら非常に迷惑なんだよ」

と行って今来た道を数メーター後もどりして、別の道で、彼を置いて家でトイレをし、つり銭ポーチを取って同乗して走らせた所、

「御主人そういわずに少し話を聞いて下さい」

と来たので、これはもう一度頼めるチャンスかもしれないと思い、公園で車を止めて話しだしたのである。

そこで、「実は私は、タクシー強盗、金融強盗、店舗強盗、誘拐、監禁事件、いじめ事件、幼児虐待、ドメスティックバイオレンス、海外渡航者の安全を守る為の特許を出願中

なのです。それを広く知ってもらいたいが為に十二月に本を出版することを決意し、それらの費用で、三〇〇万以上の金を使って、初めて子供の教育費に手をつけて本当に、ツメに火を点すような生活しているんです」

と話したが、それとこれとは関係がないというので、

「それでは何の話だ」

「書面にしてくれないと、刑事事件になるということを話をしたいのです」

「こんなに話をして分かってくれなければ、どうでもせえや、どこに行ったらええんや、行こ行こ」

「それならしかたないですね、刑事手続きをします」

私としては、もうカリカリきている状態で警察署についた。そして、調書では、警察は取り締まるだけでなく、なぜ調書が必要なのかというもとを書かなければ、応じないということで調書に応じたのである。出て来たのは柔和な感じの人であったので、私も落ちついて話をすることが出来た。調書を終えて、私が、

「これだけは言わせてもらいたい」

といってその原因を話したのであるが、その上司は、

「お腹が痛いのであれば、家に帰るということばかりでなく、例えばガソリンスタンドでもいいじゃないですか。車をどこかに入れて調子を取りもどしてから、仕事につくなり家に帰るなりしないことには事故になるおそれが高いでしょう」

と言うのである。

「それは現実感のない話ですよ。説諭というものは現実みのある話をしてもらわないといけないのではないですか？　お客さんを降ろして捕まった所まで一分くらいのものですよ。その間左側には、そのような類のお店は見あたらなかった。右側にガソリンスタンドみたいなものは有りました。路肩に止めて、脱兎のごとくかけだすのですか。しかも横断歩道もなく、あなたたちは運転席にいても、ましてや運転席から離れたら駐車違反と言うのでしょう。路肩に駐車して渋滞、事故になると、こんな所に置くからいかんのだと言うのでしょう」

「私は路肩に止めよとなんか言ってないですよ。」

「しかし、あの間は路肩かバス停しか、私には見当たらなかったんです。あなたはそれを言ってるんですよ」

「それと調書に書いたように情状とか説諭ということも必要でないかと思いますよ」

といったところ、後ろから例の彼が

「それを考えて家まで乗って行ったじゃないですか」

と横やりを入れて来たので

「そんなものは情状とは言はない。それと警察内部でも不届きな事もあるじゃないか」

「内部の粛正が必要じゃあないですか、それと取り締まれば成績になるということもあるじゃないですか」

と言ってやった。

すると後ろから数人の若い警官が

「そんな人間と一緒にするな」

ときたので、

「私は君を知らない。私は一般的に周知の事実を言っているんだ。君のどうのこうのなんて言っとらん」

「情状とは何だ」

「情状とは文字通り情状だ。知らんのか君は」

と議論をしていると年輩の警官が、

「こら!!　お前は静かにせんか。こら!!」

とロッカーの陰から出てきたのである。

「こらとは、何か、こらとは」

「色々な人がいるんや、やかましくて仕事も出来ん」

「私は後ろから色々横やりが入るから、それに反論したまでだ」

「今の言葉は訂正を求める」

するとまた、別のおだやかそうな人が出て来て

「まあもう少し頭をおちつかせましょう」

「こんな所に来て、あなたみたいに側に来ておだやかに話をしてくれれば別ですが、皆から一斉に後ろからああでもない、こうでもないといわれれば、一般市民は恐くてふるえるのですよ。それに負けまいとすれば少し声を上げるのは、自然の行為だと思いますが」

「実は私も腹が立って出てきたんですよ」

「それじゃ腹が立ったら昔の官憲みたいに、『こら!!』と来ていいのですか?」

「腹が立ったのだからしかたないじゃないかな。子供を叱る時なんかもそうでしょう」

「私は子供じゃない。五十三歳の大人だ」

とやり返すと、突然何の脈絡もなく、

「タクシーの運転手なんか、上辺だけは黒い服を着て小ぎれいにしているが、中身は家にも帰らずに、仮眠室で寝て、会社の風呂に入っているような奴が多いじゃないか」

と言い出したのである。

(それにしてもタクシーの運転手をべつ視しすぎるやないか。警察がどんな考え方しているかわかる言葉やないか)。

そして、今度はおどしをかけてくるのである。

「あの人は安全教育で、あなたの会社にも行ってますねんよ。そんな人間を怒らせたらあきませんよ。私も、あの何と言ったかな、担当の人。電話しょうか。」

(こいつこんなことを言えば怯むと、見くびっとるな)。

「どうぞ、私は本を書こうと決意して三月に辞めてから、いつまでも無職であっても、どうしょうもないので、また働きだしてから一ヵ月くらいだから、誰がだれなのかわかりせまんがね」

「だからと言って相手が誰であろうが、訂正を求めるのは求めるんですよ。この騒動を招いたのは、彼らが後ろから色々言ってきたからでしょう。もう帰ろうとしている人間に向かって、しかも、ムカムカきている相手との話であれば興奮するのは人間の普通の行為でしょう。もう帰るように半身になって話をしているのだから、雰囲気を読んで、だまっていたらよかったんじゃないですか?」

「それはそうと再再度訂正を求めますが」

「一度言ってしまったんだから訂正は出来ません」

「それは違うんじゃないですか。いくら警察であっても訂正すべきはすべきですよ」

「だから色々な不祥事、冤罪が起こるのですよ。これだけを言って、訂正を求めるということを要求しておいて、帰りますよ」

まったく、本当に、正直に言ってまだ警察の至る所は旧態依然であり、〝井の中の蛙〟になっている所が、たぶんに有る。

PART2

暴漢抑止装置の発明

（特願2001-023838）

頻発するタクシー強盗に思う

私がタクシードライバーとして働いていた間にも、若者の凶悪犯罪、幼児虐待、家庭内暴力、児童のいじめといった、これらの犯罪は増加の一途をたどっている。

しかしながら、このような凶悪犯罪等に対しては、特に対処するものがないのが現実である。この凶悪犯罪の一つであるタクシー強盗も頻発している。

私が客待ちの時間にいつも考えるのは、無防備な状態でどんな危険人物かも知れない客と二人きりになるドライバーの安全確保の問題であった。

これは、実際にタクシー強盗に遭った人の話である。

二十年ほど前の六月、夜が明ける前の四時をちょっと回った頃のことである。タクシーが梅田の曽根崎小学校のうら辺りを走っていると、十七、八歳の男が車を止め、乗車すると新大阪近くの西中島の方に行けということだった。ドライバーは長年の勘で一瞬、〝これは何かつまずきそうだな〟と思ったという。

西中島に着くと男は狭い道を行くように命じたが、その道は入ってしまうと出るに出られなくなってしまいそうな所だったので、ドライバーは、

「これはあきませんよ、これ以上行けないし、出られなくなりますよ」

というと、言動がおかしくなり、酔っぱらっているような感じであった。そして、突然、ナイフを取り出したのである。その運転手さんも常日頃から体を鍛えていて、腕には自信があったとのことであったが、突然後ろから攻撃され、抵抗ができない状態になったという。そして、身動きできない状態にしておいて、彼のしているネクタイを取り、そのネクタイを持って後ろから、座席シートに足をかけて、ひっぱってきたのである。

わずかの間に首が締まって、意識がもうろうとして、口の周りは唾液でぬれ、下の方からは小水から大便まで垂れ流しの状態で意識を失ってしまった。

幸い発見されたのが早く、その発見者がすぐ通報してくれたので、何とか一命はとりとめた。

この事件は翌日の新聞やテレビで大きく報道されたが、彼は明治末期から続く名家の四代目当主で、奥さんの方も、これまた負けず劣らずの名家の出の人だった。

この事件がきっかけで、自分がタクシードライバーをしていることが世間に知れて、非常に恥ずかしい思いをしたとのことである。

このことが原因かどうかは定かではないが、その後、彼の家庭は崩壊し、今は一人暮しである。

ここで、私は声を大にして言いたいことは、このような悲惨な結末を招かないためにはどうすればよいかということである。私たちタクシードライバーは、一銭ももっていない人、どことなく危険な臭いのする人など、さまざまな人に遭遇する。その人たちがいつ前記のようにタクシー強盗に豹変しないとも限らない。そんな危険な状況の中で、自分を守りながら仕事を進めて行かなければならないのである。

これはまさに命がけの仕事である。このような状況の中でタクシードライバーが仕事をしていることを、タクシー業界の経営者の人たちは認識しているのだろうか。人間の命は地球よりも重く、タクシードライバーの命も同じである。

しかし、現在のところは、残念ながらタクシードライバーというのは、歩合制が多く水揚げが少ないとすぐにリストラされる。まさに運転手というのは使い捨てなのである。

この風潮を変えなければならないし、また変えようと努力すべきである。そして、タクシードライバーが安心して働けるように、安全対策をしっかり考えることである。

現在は運転手の安全のために、座席の後ろに防犯アルミボードが取り付けられてい

るが、あれではタクシー強盗対策には何の役にも立たない。

現在は不景気で、そんなことまで考える余裕などないと思われるかもしれないが、事は人の命にかかわる問題である。防犯アルミボードといった安価でできる、小手先の対策でなく、例え高価ではあっても、安全な装備を真剣に検討してもらいたいものである。

これはドライバーの安全だけの話ではないのである。運転手の安全確保と同時に、タクシー強盗がなくなれば、ドライバーは安心して運転でき、売上げの増加にもつながり、また、その事件を捜査する捜査当局の人件の削減は莫大なものである。それだけではない。その会社がドライバーの安全を真剣に考えているということになれば、良い運転手が多く集まるし、乗客の方もそれだけ運転手の安全を図っているということになれば、企業のイメージは有形無形にアップするはずである。

ついに『暴漢抑止装置』を発明

私はタクシーに乗っていて、いつも思うことは、タクシー強盗を無くす方法はないものかということであった。そして、ついに考え出したのが、『暴漢抑止装置』というシステムである。

そのシステムを思いついたのは、まだ、記憶に新しい少年、少女のタクシー強盗事件が起こって間もなくのことで、その時は、興奮と感動で身体が震えてきたのを、今でもはっきりと覚えている。

その時の私は、タクシードライバーをやりながらでは、私の考えている、社会に貢献できるシステムは開発できないし、こんな壮大な事をやるためには、ある程度の犠牲はやむをえないと決心し、子供の教育費を除いて研究のために必要な期間、約半年ぐらいは無収入でもぎりぎり生活できる費用を備えることができたので、十三年の三月にタクシードライバーを辞め、あえて無職となった。

それからというものは、そのシステム実用化のために、私は夜となく昼となく考え続けた。そして、ついに特許願を提出するに至ったのである（特願二〇〇一 －〇四〇九八九）。

では、この『暴漢抑止装置』とはいかなるものであるか。そのおおよその概要は、次のようなものである。

この装置の発明の動機は前述したように、タクシー強盗対策である。

タクシー強盗を捕まえるには、強盗そのものを拘束すればよいのだが、しかし、凶器をつきつけられていては、何の操作も出来ない。

そこで、その音声を認識してしまおうと考えたのである。

例えば「金を出せ」「殺す」「助けて」などというキーワードを認識してエアーバッグ等で自動的に拘束してしまう。と同時に録音、撮影をしておいて、すぐに捜査当局に信号を送るのである。そうすれば、犯人は確実に捕まるという恐怖心が生じるので、タクシー強盗は無くなり、その効果は絶大なものと確信している。

この装置の効果が及ぼす範囲は、これだけではない。最近は監禁事件、誘拐事件、いじめ事件等が多発し、新聞やテレビを賑わせている。

これらの事件は、後の捜査に役立つ証拠が残らず捜査に支障をきたすことが多いものだが、しかし、この装置は小型で犯人に分からず自動的に録音が可能である。

例えば、幼児虐待、家庭内暴力等の場合、装置をぬいぐるみ等に収納して、家庭内に置いておくと本人には分からずに自動的に録音され、そのテープは証拠となるし、家庭からは警察や捜査機関へ通報され、被害を最小限に押さえることができる。

また、最近、警察官が暴漢に襲撃される事件が多発しているが、このような事件も未然に抑止することができる。

暴漢が警察官を襲撃し「殺すぞ」「ピストルをよこせ」というセリフを吐いたとする。すると、この装置の作動部は、それを感知し、即、作動するので、不意に暴漢に襲われたとしても、暴漢の音声を録音することができ、後の捜査に役立つ強力な証拠を提出することができる。

警察官が常時、このような装置を携帯していることが分かると、暴漢も必ず逮捕されることがわかるので、これが抑止力となり結果として警察官の身体の安全を確保することができる。

このように私の発明した『暴漢抑止装置』のシステムを考えついたきっかけは、タクシードライバーの身の安全をいかに確保するか、ということを、常日頃から考えつづけ、社会問題となっている若者の凶悪犯罪、幼児虐待、児童のいじめ等も防止するとともに、万が一、これらの事件が発生した場合には、捜査の役に立つ証拠をもたらすことができる装置にまで利用できるIT革命にも匹敵する発明となったと、自分は自負している。

今の世の中は一度人生に失敗すれば、立ち直ることはかなりむずかしいことであるが、要はやる気である。そして、夢をもつことである。私は前述したように数々の辛酸をなめてきたが、この装置が普及し、現在社会問題となっている犯罪が防止でき、何千何万という人が助かることを考えると、いささか興奮気味になる。いずれにしても、私の人生最後で最大の夢に向かって矢は放たれたのだ。

拝啓　内閣総理大臣　小泉純一郎殿

この発明が小泉総理大臣の進めている行財政改革の一助になると思った私は、平成十三年七月十三日、ついに意を決し、次のような文を総理大臣あてに送った。

内閣総理大臣　　　　　　　　　　平成13年7月13日

小泉純一郎殿

盛夏の候、先日の日米首脳会談の成功お祝い申し上げますと共に、日本人として、誇りに思います。

さて、今般、大変お忙しい日本の首相である貴殿に対し、一市民である53歳の男が非礼をわきまえず矢もたてもたまらず、この手紙をみてもらいたく書きました。

ぜひ、これを見てもらい、改革断行内閣をめざしておられる貴殿のことなので、ぜひぜひ、御採択と御協力をお願いしたいことがあるのです。

それは世の中の為になること、何万人という人間を助ける特許を申請いたしましたので耳を傾けて頂きたいと存じております。

それではどういうことかと言う以前に、先ず私の人となりを簡略に書き添えさせて頂きます。

私は昭和23年5月5日、大阪で生まれました。

私の父は汐吹き昆布というものを発明し、農林大臣賞授賞、高松の宮様献上、産業功労章、黄綬褒章等を頂きました廣川雅市と申します。

神戸の甲南大学を卒業し、5年間サラリーマン時代を過ごし、結婚して3女を授かりました。

30歳の手習いで、丁稚から始めまして、20歳の男性に掃除の仕方から教えられてきました。廣川和㈱を設立し、16年経営しておりましたが、女房に、支払いと家のお金を持って出て行かれて、倒産したバカな男です。

その時に六甲山に登って子供たちを道づれに死のうと思いつめましたが、これはある一種の病気にかかっていたのでしょう、一番下の娘が、「お父さん、わたしはまだ死ぬのはいややで」、と言う言葉でハッと目がさめて、もう一度死ぬ気で頑張ろうと決意しました。

一番上の子供を私立中学校に通わしていましたが、倒産し、父親一人で小学3年生、5年生、中学一年生を育てるという状況を相談したところ、出来ればこのまま通学したいとの意思なので、銀行取引停止になった会社にしがみついていては、収入が不安定になりますので、免許をとり、タクシーに乗りました。

それからの私は、自分で言うのは口はばったいかもしれませんが、人の倍働いてまいりました。

まるまる24時間働き、それに引き続き12時間働いて家に帰り、食事、洗濯、さすがに掃除だけは手をつけられませんでしたが、2日に一度子供たちの顔を見て、食事をして会話をする事を目標にする日々が数年続きました。

一番上の子供だけ私学というのは不公平と同時に、私自身、昼も夜もなく働きっぱなしですので、昨今の公立学校に通わせると、いじめが起きた場合、仕事どころではなくなりますので、少しでもいじめの少ないであろうと想定される、私学に通わせました。

稼いでも稼いでも追いつきませんが、何とか、大学3年生、大学1年生、専門学校に通わせています。

タクシーに乗っていての収入だけでは本当に大変でした。

私は孟母三遷という程ではありませんが、子供が遅刻で学校から面倒見れないと言われると、学校の近くに転居し、立ち直りのきっかけをつくってまいりました。それほど、子供が私の人生の一つの最重要要因でした。また、二度差し押さえに来ましたが、二度目は、一時間で数十回消えたり付いたりするTV、脱水の出来ない全自動洗濯機を見て、押さえる物はないと、差し押さえずに帰るということがありました。

長くなりましたが、こんな私の人生をふまえての、特許出願と一時は死を覚悟した私だからこそ、昨今の凶悪犯罪を何とかせねばいけないとつねづね考えておりました。

特に私は、タクシーに乗っていますので、タクシー強盗を無くす方法はないものかと、思いついた事が特許出願（特願2001-023838）に到ったのです。

記憶に新しい、少年少女のタクシー強盗がありましたが、それをきっかけに、本当に無けなしのお金をはたいて第一弾の特願を出願したのです。

タクシー強盗を捕まえるには、強盗そのものを拘束してしまえば良いのですが、しかし凶器をつきつけられていては、何の操作も出来るものではありません。それならば、音声で認識してしまおうと考えました。例えば、「金を出せ」「殺す」「助けて」、こういうキーワードを認識してエアーバッグ等で自動的に拘束してしまえば、運転手は安全且つ安心に仕事が出来ます。と同時に録音、撮影をしておいて、すぐに捜査当局に信号を送ります、そうすれば犯人は確実に捕まるという恐怖が生じ、タクシー強盗そのものが無くなってしまうくらいの効果があると思います。

するとそれに費やす捜査費用の減少たるや、大変な経済効果ではないでしょうか。それと現在30万台近くのタクシーが走っていますが、例えば４年に１台買い換えるとすると７万台ちかくの新車が毎年出るということになります。これを新車に装置できるならば、百数十億円という経済効果が生まれます。

それとタクシー強盗が無くなるということを考えれば、国民感情として賛同されるのではないでしょうか。

ソーラーシステムのように、政府として設置助成金を出してもらえる事が出来れば、タクシー会社の方も設置する会社がたくさん出てくるのではないでしょうか。

それとこのシステムを利用すれば、例えばルーシーブラックマン女子のような監禁事件、誘拐事件、いじめ事件（いじめている本人には分からずに自動的に録音していますので、いじめの証拠になるのです）、最近のガソリン金融強盗事件（音声を認識して自動的に犯人を拘束するのでその間に逃げられます）、沖縄婦女暴行事件（チカン事件対策）、生命保険、損害保険と警備関係とリンクさせた、海外渡航者向けの新商品になるのではないでしょうか。

私は出来れば最終的には、警察官に音声認識させたものを持たせたいのです。自動的且つ人為的に相手に向かって閃光をあびせるのです。そうすれば発砲せずに、安全に逮捕出来るのです。

将来的には音声認識と映像認識をかね合わせたものを持たせることが出来れば映画で見るようなことが現実となります。

戦争放棄が憲法によって記されていますが、発砲事件が少なくなり、警官の安全が保たれればどんなに国民の共感が得られるでしょうか。

なにはともあれ、日本人の国民性に合っていると思います。

しかも前述のさまざまな事件同様、それが作動されたと同時に、位置確定が出来ていますから、いち早く出動が出来るのです。

そうすれば、初動捜査が早くなればなるほど、検挙率がアップする事になります。

これらの犯罪に対しても、第二弾で特許出願（特願2001-040989）致しました。私にとっては大変な出費なのですが、これらを発案した私が真剣になって、開発活動をしなければ、誰もやらないと思い、タクシーに乗っていてはこんな、壮大な事は出来るはずがないと判断し、子供の教育費を除いて半年ぐらいは無収入でもいけるようにして、今年３月に、あえて無職になりました。

はたして無職になって、思い悩んでいましたが、新聞で本を出版しませんか、という宣伝が目にはいり、物はためしと電話をしてみましたところ、死を覚悟した私だからこその人命の大切さ、経済効果、ジャパンドリーム(私は苦しいときも終始、いつか立ち直ってやるぞと思い続けてきましたが、希望を捨てずにやり続ける事が大事だと思います)、私の人生、特許のことを書くという内容で、文芸社との協同出版に到りました。毎日新聞で宣伝が出るらしいのですが、全国で300箇所の本屋で一ケ月以上店頭販売されることになりました。発刊日は12月１日です。

私の人生最後で最大の夢に向かって矢ははなたれました。

一日も早くこれを開発して何千、何万という人を助けたいのです。

ぜひ開発する為の力を貸してほしいと思っております。

それと、この音声認識ということが一日でも早く市民権を得ることによって、（今はまだ開発できていませんが）映像認識が出来ればそれだけ早くこれも市民権を得ることが出来るのです。

そうなると、放火事件、大阪市役所での事件がありましたが、あらゆるテロ事件、大教大小学校の事件、等犯罪抑止になると確信しております。いままでは事件発生後処理でしたが、これからの世の中は、積極的な抑止力というものが求められていくのではないかと思っております。又、この日本、いや、世界の犯罪事情が一変すると信じています。これらが市民権を得られれば、IT革命にも匹敵するのではないでしょうか。

特許料と出版費用を合わせると、300万円近いお金が出て行ったのです。人一倍貧困にあえぎ、自分のやりたい事の為に、初めて子供の教育費に手をつけた私は、おそろしくて身も裂けんばかりです。山あり谷ありの人生ですが、私の最後で最大の挑戦であり、私の男としてのロマンでもあります。

恐縮ですが
切手を貼っ
てお出しく
ださい

112-0004

東京都文京区
後楽2－23－12

（株） 文芸社

ご愛読者カード係行

書　名			
お買上 書店名	都道府県　　市区郡　　書店		
ふりがな お名前		明治 大正 昭和　　年生　　歳	
ふりがな ご住所	□□□-□□□□	性別 男・女	
お電話 番　号	（ブックサービスの際、必要）	ご職業	

お買い求めの動機

1．書店店頭で見て　2．小社の目録を見て　3．人にすすめられて
4．新聞広告、雑誌記事、書評を見て（新聞、雑誌名　　　　　　）

上の質問に1.と答えられた方の直接的な動機

1.タイトルにひかれた　2.著者　3.目次　4.カバーデザイン　5.帯　6.その他

ご講読新聞　　　　新聞	ご講読雑誌

芸社の本をお買い求めいただきありがとうございます。
の愛読者カードは今後の小社出版の企画およびイベント等
資料として役立たせていただきます。

本書についてのご意見、ご感想をお聞かせ下さい。

① 内容について

② カバー、タイトル、編集について

今後、出版する上でとりあげてほしいテーマを挙げて下さい。

最近読んでおもしろかった本をお聞かせ下さい。

お客様の研究成果やお考えを出版してみたいというお気持ちはありますか。

ある　　ない　　内容・テーマ（　　　　）

「ある」場合、小社の担当者から出版のご案内が必要ですか。

希望する　　希望しない

ご協力ありがとうございました。

〈ブックサービスのご案内〉

小社では、書籍の直接販売を料金着払いの宅急便サービスにて承っております。ご購入希望がございましたら下の欄に書名と冊数をお書きの上ご返送下さい。（送料１回380円）

ご注文書名	冊数	ご注文書名	冊数
	冊		冊
	冊		冊

いままでの政府であれば、政治家にこんな内容をだせば、良いとこ取りをされるのがオチではないかと思っておりました。

がしかし、報道されているような貴殿であれば、国益の為ならば、あえて火中の栗を拾って頂けると信じております。

私はそれを信じて、虎穴に入ろうと思います。

児玉源太郎そのものには成り得なくとも、その砲弾くらいには成り得ると思っております。

ぜひ前向きにご検討頂き、開発する力を貸して頂きます様にお願い申し上げます。

お忙しい中、お体にお気をつけくださいますようお祈り申し上げます。

敬具

廣川　和夫

タクシードライバー「ひみつのポケット」

2001年12月15日　初版第1刷発行
著　者　廣川 和夫
発行者　瓜谷 綱延
発行所　株式会社 文芸社
〒112-0004　東京都文京区後楽2-23-12
電話　03-3814-1177（代表）
03-3814-2455（営業）
振替　00190-8-728265
印刷所　株式会社平河工業社

乱丁・落丁本はお取り替えいたします。
ISBN4-8355-3066-7 C0095